Stundenblätter
Gottesglaube – Atheismus

Bernhard Oßwald

Stundenblätter
Gottesglaube – Atheismus

Sekundarstufe II

Beilagen:
40 Seiten Stundenblätter
+ 14 Arbeitsblätter zum Kopieren

Ernst Klett Verlag
Stuttgart Düsseldorf Leipzig

Stundenblätter Religion werden herausgegeben von Dr. Uwe Stamer

Als Ergänzung zu den vorliegenden Stundenblättern sind erschienen:
Materialien Gottesglaube – Atheismus (Hrsg. B. Oßwald)
Klettbuch 26871

Die Deutsche Bibliothek – CIP-Einheitsaufnahme

Oßwald, Bernhard:
Stundenblätter Gottesglaube – Atheismus: Sekundarstufe II /
von Gerhart Maier / Bernhard Oßwald. –
3. Aufl. – Stuttgart; Düsseldorf; Leipzig: Klett, 1998
   (Stundenblätter Religion)
   Erg. bildet: Materialien Gottesglaube – Atheismus
   ISBN 3-12-926745-X

**Gedruckt auf umweltfreundlichem Recyclingpapier, gefertigt aus
100% Altpapier.**

3. Auflage 1998
Alle Rechte vorbehalten
Der Verlag genehmigt die Vervielfältigung der entsprechend
gekennzeichneten Seiten in der Beilage. Im Kaufpreis ist die
Gebühr für Kopien dieser Seiten zur Ausgabe an Schüler enthalten.
© Ernst Klett Verlag für Wissen und Bildung GmbH, Stuttgart 1988
Internetadresse: http://www.klett.de
Satz: G. Müller, Heilbronn; Wilhelm Röck, Weinsberg
Druck: Wilhelm Röck, Weinsberg
Einbandgestaltung: Zembsch' Werkstatt, München
ISBN 3-12-926745-X

Inhaltsverzeichnis

Vorwort

Das Thema „Gottesglaube – Atheismus" ist Gegenstand des Religionsunterrichts der Oberstufe. Einzelne Gesichtspunkte des Themas können wohl bereits am Ende der Sekundarstufe I behandelt werden, doch für eine ausführliche Unterrichtseinheit reicht der Bewußtseins- und Erfahrungshorizont der Schüler noch nicht aus. Freilich sind selbst die Schüler der Sekundarstufe II in ihrer Verständnisfähigkeit aufs äußerste gefordert, wenn das Thema wirklich intensiv und der Sache angemessen erarbeitet wird. Insbesondere das echt philosophische Denken, das die großen neuzeitlichen Atheismen auszeichnet, ist ihnen aufgrund mangelnder Vorbildung und Übung nur sehr schwer zugänglich.

Trotz der „Anstrengung des Begriffs", die den Schülern abverlangt wird, ist das Thema „Gottesglaube – Atheismus" ein unverzichtbarer Inhalt im Religionsunterricht der Oberstufe. Wie wichtig es für das religiöse Erwachsenwerden und -sein ist, sich mit dem Atheismus auseinanderzusetzen, kann vielfältig begründet werden; hier nur zwei Gesichtspunkte:

– Es ist ein Merkmal im Glaubensleben vieler Erwachsener, daß zeitweilig die Haltung des Nein zu Gott und der Religion vorherrscht oder zumindest um das Ja gegen das Nein gerungen wird. In bestimmten Lebenssituationen oder -phasen wird der Unglaube als die andere Möglichkeit der Sinnentscheidung erfahren, vielleicht sogar praktiziert. Soweit die persönliche Glaubenskrise zur intellektuellen Auseinandersetzung mit Gott und der Religion führt, wird der innere Diskurs im Kern, aber vereinfacht und unscharf manche Gedanken enthalten, die in der Diskussion zwischen Theologie und „reflektiertem" Atheismus deutlich und klar formuliert sind. Die gründliche Erarbeitung des wissenschaftlichen Streits um Gott kann daher dazu beitragen, daß persönliche Glaubenskonflikte „verständiger" und damit auch mündiger bewältigt werden.

– In der modernen Gesellschaft ist der Gottesglaube mehr als je zuvor in der Geschichte durch den Atheismus herausgefordert. Die Säkularisierungstendenz, die seit dem Ende des Mittelalters im wachsenden Maße alle Lebensbereiche bestimmt, manifestierte sich in der Aufklärung und im Gefolge der Aufklärung als argumentativ-theoretische Kritik der Religion im allgemeinen und des Christentums im besonderen. Diese durchgeführte Kritik ist ein Grund dafür, daß inzwischen der gedankenlose und stillschweigende Atheismus immer mehr zunimmt. Nominell sind noch viele einer Konfession zugehörig, aber praktisch bewirkt das nichts für ihr Leben, weil sie wenigstens gefühlsmäßig dem „aufgeklärten" Bewußtsein der Gesellschaft zustimmen, Religion mit ihren sogenannten Glaubenswahrheiten sei unwissenschaftlich und unzeitgemäß. Für die Schüler der Oberstufe, die ja schon weitgehend in die Gesellschaft eingebunden und entsprechend geprägt sind, ist die Frage von Glaube und Unglaube oft gar kein Problem, sondern sie haben ganz selbstverständlich teil an dem unausgesprochenen praktischen Atheismus, der die Lebensführung der Gegenwart immer mehr kennzeichnet. Die unterrichtliche Behandlung des Themas „Gottesglaube – Atheismus" ist vor diesem Hintergrund gesellschaftskritisch zu verstehen. Die Schüler sollen befähigt werden, sich von der modernen atheistischen Tendenz nicht einfach vereinnahmen zu lassen und in diesem Sinne auch auf andere zu wirken.

Die für Katholische und Evangelische Religionslehre gültigen Lehrpläne der verschiedenen Bundesländer entsprechen fast alle der dargelegten Ansicht, daß die Auseinandersetzung mit dem Atheismus im Unterricht der Sekundarstufe II nicht fehlen darf. Der Titel dieses Hefts „Gottesglaube – Atheismus" ist dem baden-württembergischen Lehrplan entnommen; in anderen Lehrplänen sind „Die Frage nach Gott" und „Atheismus" bzw. „Religionskritik" voneinander getrennt als selbständige Themen aufgeführt.

Die vorliegende Unterrichtseinheit deckt die von den verschiedenen Lehrplänen geforderten Inhalte so weit wie möglich ab. Bei der Planung war freilich nicht dieser Gesichtspunkt entscheidend. Vielmehr war die Vorstellung maßgeblich, die Auseinandersetzung zwischen Gottesglauben und Atheismus anhand einiger weniger Leitideen systematisch zu entfalten.

Die Grundstruktur der Unterrichtseinheit habe ich zusammen mit meinem Kollegen Josef Büchelmeier entworfen. Für seine Anregungen und Vorschläge möchte ich mich sehr herzlich bedanken.

Bemerkungen zur Konzeption der Unterrichtseinheit

Wenn der Lehrer den Schülern den Titel der Unterrichtseinheit nennt, so ist nicht zu erwarten, daß die beiden Begriffe (bzw. die Gedankenverbindungen, die sie bei den Schülern auslösen) bereits motivierend wirken. Im Gegenteil, die Schüler werden eher vermuten, daß sie Inhalte aufnehmen und verarbeiten müssen, die zwar wissenschaftlich bedeutend sind, aber mit ihrem Leben reichlich wenig zu tun haben. Um ihr Interesse zu wecken, muß gleich zu Anfang und dann auch im weiteren Verlauf der Unterrichtseinheit Bezug auf ihre Erfahrungswelt genommen werden. Dieser Bezug braucht nicht künstlich hergestellt zu werden, sondern es ist nur das aufzugreifen, was der Sache nach schon als natürliche Beziehung vorliegt. Es ist ja so, daß die Oberstufenschüler in ihrer Glaubensgeschichte alle bereits mehrfach – in der dem jeweiligen Alter entsprechenden Weise – den Konflikt zwischen Glauben und Unglauben an sich selbst erlebt haben. Und ihre aktuelle Glaubenssituation ist zum überwiegenden Teil dadurch gekennzeichnet, daß sie sich vom Gottesbild und den religiösen Überzeugungen ihrer Kindheit und Jugend ablösen, ohne im Grunde zu wissen, an welchen neuen Sinnvorstellungen sie sich orientieren wollen oder sollen.

Die Absicht, die wissenschaftliche Auseinandersetzung um Gott anhand geeigneter Materialien, Medien und Methoden mit der Erfahrung der Schüler zu vermitteln, ist das erste Kennzeichen dieser Unterrichtseinheit. Das zweite Kennzeichen läßt sich wiederum mit Blick auf die Schüler, aber auch „objektiv" vom Thema selbst her begründen. Wenn die wissenschaftliche Auseinandersetzung um Gott im Religionsunterricht behandelt wird, so ist nicht ein theoretisches Wissen der Schüler das eigentliche Ziel, sondern ihre existentielle Betroffenheit und Erkenntnis. Dieses eigentliche Ziel kann erreicht werden, sofern das entscheidende Motiv oder Ethos verdeutlicht wird, das dem wissenschaftlichen Streit zugrundeliegt. So wie (nach E. Bloch) im echten Atheismus immer Prometheus mit der Fackel ist, so ist umgekehrt im echten Theismus immer die Idee des Exodus. Entsprechend geht es im Argumentieren für oder gegen Gott nur vordergründig um ein Rechthaben-Wollen, darum also, daß sich die theoretische Vernunft der einen Seite gegen die theoretische Vernunft der anderen Seite mit logischen Gründen durchsetzt, tatsächlich aber wird vor dem Forum der Vernunft die lebenspraktische Frage ausgetragen, ob sich die menschliche Freiheit nur mit oder nur ohne Gott (und Religion) verwirklichen kann. Die geistige Auseinandersetzung wird bewegt von dem Willen, daß der Mensch befreit in Freiheit lebe. Obgleich die „Befreiung" des Menschen im Zusammenhang des Gottesglaubens etwas ganz anderes bedeuten kann als im Zusammenhang des Atheismus, so ist sie doch der Aspekt, von dem aus das gemeinsame existentielle Anliegen im Konflikt der gegensätzlichen Sinn- und Lebensentwürfe erscheint. Indem die biblischen Glaubenszeugnisse ebenso wie die atheistischen Konzeptionen durchgängig auch daraufhin befragt werden, was sie für die menschliche Freiheit implizieren, wird für die Schüler die Möglichkeit eröffnet, Anstöße für die eigene Lebensentscheidung zu gewinnen.

Das dritte Kennzeichen der Unterrichtseinheit besteht in ihrem Aufbau. Gottesglaube und Atheismus werden in zwei relativ selbständigen Teileinheiten behandelt. Dabei wird zuerst, wie es sachlich gefordert ist, der Gottesglaube erarbeitet. Zwar erschöpft sich der Atheismus keineswegs in der Bestreitung des Gottesglaubens, sondern ist wesentlich und positiv die andere Möglichkeit der menschlichen Lebensentscheidung, aber in der Geschichte wenigstens des neuzeitlichen Atheismus war es zweifellos so, daß er sein besonderes Gepräge und Profil erst durch die Gegen-Stellung zum Christentum erhielt. Die Teileinheit „Atheismus" ist kürzer als die Teileinheit „Gottesglaube" gestaltet, der Intention nach soll sie freilich ein echtes Gegengewicht bilden. Ich weiche bewußt von dem üblichen, etwa auch im baden-württembergischen Lehrplan vorgeschlagenen Verfahren ab, bei der Erarbeitung des Atheismus jeder Theorie sofort eine christliche Antikritik entgegenzusetzen; denn ein solches Verfahren nimmt m. E. weder den Atheismus als einen Humanismus noch den Schüler (als einen, der selbständiges Denken und Urteilen lernen soll) ernst genug. Aufeinander bezogen und miteinander verbunden sind die Teileinheiten durch die Eröffnungs- und die Schlußsequenz der Unterrichtseinheit. Die erste Stunde reißt die Auseinandersetzung um Gott von der fiktiven, aber durchaus exemplarischen Lebenserfahrung der Frau Bertold her auf und begründet im Zusammenhang damit die Aufgabe, Glauben und Unglauben in ihrer aussagekräftigsten Form zu analysieren – den Glauben als biblisch bezeugten und theologisch reflektierten Glauben, den Unglauben als philosophischen Atheismus. Die Doppelstunde am Ende der Unterrichtseinheit nimmt die Problemkonstellation der ersten Stunde wieder auf, jetzt freilich auf ungleich höherer Ebene. Analog der ersten Stunde wird die Auseinandersetzung zwischen Gottesbejahung und Gottesverneinung erneut am Beispiel einer individuellen Existenz thematisiert, doch diese Existenz, die Existenz Hiobs, spiegelt die verdichtete Erfahrung eines ganzen Volkes. Und das Ziel ist es nun, in der unmittelbaren Konfrontation von Gottesbejahung und Gottesverneinung, die beide in der einen Person Hiobs zusammenprallen, ein Urteil über ihre existentielle Bedeutung und Wahrheit zu finden.

Der organische Zusammenhang der Sequenzen, der gerade dargestellt worden ist, wird noch verstärkt durch ein Strukturelement, das schließlich das vierte – und zugleich das bezeichnendste – Kennzeichen der Unterrichtseinheit ausmacht. Bevor Gottesglaube und Atheismus anhand der verschiedenen Zeugnisse und Theorien en détail untersucht werden, wird durch eine urbildliche Betrachtung jeweils ihr Grundtypus herausgearbeitet und verdeutlicht – der Grundtypus des Gottesglaubens am Beispiel des Abraham, der Grundtypus des Atheismus am Beispiel des Prometheus. Da das Urbild überaus komplex Möglichkeiten der menschlichen Existenz auslotet, ist es nur folgerichtig, wenn auch die abschließende Auseinandersetzung um die existentielle Wahrheit der beiden gegensätzlichen Sinn- und Lebensentscheidungen „typologisch" erfolgt. Hiob ist eben darin eine urbildliche Gestalt, daß er in der Situation seines furchtbaren Leids beide Möglichkeiten menschlichen Verhaltens gegenüber Gott lebt.

Der organisch-systematische Aufbau der Unterrichtseinheit gibt dem Lehrer, der mit diesem Heft arbeitet, Fixpunkte vor, die er nicht zur Disposition stellen kann, wenn er an den konzeptionellen Leitgedanken festhalten möchte. Gleichzeitig eröffnet ihm aber die durchgestaltete

Grundstruktur Freiräume, die er nach seinem Ermessen ausfüllen kann. Da „Gottesglaube" und „Atheismus" zu Beginn jeder Teileinheit exemplarisch durch eine urbildliche Gestalt erschlossen werden, hat der Lehrer bei den nachfolgenden Stunden immer die Möglichkeit, Aspekte ersatzlos wegzulassen, Schwerpunkte anders zu setzen oder Alternativen einzuführen. Wie er den Spielraum nützt – ob er also z. B. Ezechiels Vision durch ein anderes Thema des alttestamentlichen Gottesglaubens ersetzt, den Umfang der NT-Sequenz um einige Gesichtspunkte kürzt oder anderen Atheisten gegenüber Nietzsche oder Sartre den Vorrang gibt –, das wird gewiß von seinen persönlichen Neigungen und Vorlieben abhängen, letztlich entscheiden wird er aber nach den Lernvoraussetzungen, Bedürfnissen und Interessen der Schüler.

Obwohl die vorliegende Unterrichtseinheit als ein in sich geschlossenes, im ganzen stimmiges Modell konzipiert ist und entsprechend die Sequenzen wie auch die Stunden innerhalb der Sequenzen eng miteinander vernetzt sind, ist es durchaus denkbar, die Stundenblätter außerhalb des konzeptionellen Rahmens oder unabhängig von diesem zu nützen. Teile dieses Modells – Stundensegmente, einzelne Stunden und Stundenkomplexe – können wie Bausteine behandelt und in andere Unterrichtseinheiten integriert werden, oder es können die beiden Teileinheiten „Gottesglaube" und „Atheismus" als kleine separate Unterrichtseinheiten durchgeführt werden. Bei der Planung der Unterrichtseinheit habe ich diese Verwendungsmöglichkeit zwar nicht im Blick gehabt, im Interesse eines vielgestaltigen, lebendigen und persönlich verantworteten Religionsunterrichts möchte ich aber ausdrücklich darauf hinweisen und die Kollegen grundsätzlich ermuntern, das Heft, wenn es ihnen gelegen kommt, auch als „Baukasten" zu verwenden.

Übersicht über die Unterrichtseinheit

Stunde	Inhalt (Kurzfassung)	Zielsetzung/Wissen	Referate, Hausaufgaben	Vom Lehrer besonders zu beachten
1. Stunde Glaube zwischen Ja und Nein	Wechselhafte Beziehungen zu Gott im Laufe eines Lebens Verhältnis von Gottesbild und existentieller Situation Religionskritische Ansatzpunkte im Kontext biographischer Erfahrungen	Motivation und Eröffnung eines Verstehenshorizontes für die Thematik der UE	Vergabe von Referaten für die – 17./18. Stunde (Prometheus) – 19./20. Stunde (Feuerbach) – 21./22. Stunde (Marx) – 25./26. Stunde (Fritz Zorn, Mars) (Näheres in der Darstellung der 1. Stunde, S. 19)	Die Methode des Schreibgesprächs kommt nur dann richtig zum Tragen, wenn die Schüler sich ausschließlich schriftlich verständigen. Genaue Literaturangaben, evtl. auch Bücher und Textkopien für die Referenten bereithalten
2./3. Stunde Abrahams Exodus	Abrahams Berufung (Gen 12,1–4a) als „Modell" biblischen Glaubens Tiefenpsychologische Auslegung von Abrahams Wegzug	Abrahams Entscheidungssituation – Konflikt zwischen Sicherheit/Enge und Risiko/Freiheit Abrahams Wegzug – urbildhafte Gestaltung menschlicher Selbstwerdung Kein Widerspruch zwischen Fremdbestimmung durch Gott und Freiheit des Menschen		Sich ein Grundwissen über die Methode der tiefenpsychologischen Bibelauslegung aneignen (vgl. Darstellung der 2./3. Stunde, S. 22–24) Meditation (Phase 5) vorbereiten (ggf. einen Text verfassen)
4./5. Stunde Israels Exodus	Israels Unterdrückung in Ägypten Offenbarung des Jahwe-Namens an Mose (Ex 3) Israels Erfahrung am Schilfmeer (Ex 14) Symbolische Betrachtung der israelitischen Exoduserfahrung	Situation des Aufbrechens und Unterwegsseins als grundlegende Existenzform Heilsgeschichtliche Bedeutung des Jahwe-Namens Meerwunder: Transzendenz im historisch Faktischen Aktualisierung der Exodus-Ereignisse	Hausaufgabe für die 5. Stunde: Lektüre von – A. Deissler, Das Zeugnis der Namensoffenbarung – Ex 14,15–31 (Falls die 4. und 5. Stunde zeitlich nicht getrennt sind, wird der Exodus-Text im Unterricht gelesen, und die Lektüre des Deissler-Textes wird am Ende der 5. Stunde aufgegeben)	Vortrag zur Bedeutung des Jahwe-Namens vorbereiten (vgl. Stundenblatt, S. 7) Klassensatz Bibeln bereithalten

Stunde	Thema/Inhalt	Ziele	Hausaufgabe	Medien/Hinweise
6. Stunde Ezechiels Auferweckungsvision: ein Paradigma für Israels Zukunftshoffnung	Eschatologie im AT: Erwartung einer alles umfassenden, umwälzenden „Großtat" Gottes	Die Grundidee atl. Eschatologie erkennen Von dieser Idee angesprochen werden Historische Bedeutung der Ezechiel-Vision Aktuelle Ausdeutung dieser Vision		Wenn möglich, A. Manessiers Bild „Auferstehung" als Dia besorgen; notfalls auf die Schwarzweißreproduktion Mat. 7 zurückgreifen Arbeitsblatt im Klassensatz kopieren (Kopiervorlage s. Stundenblatt, S. 12)
7. Stunde Vorläufige Verständigung über Jesu Leben und Wirken; Organisation des für die NT-Sequenz vorgesehenen Gruppenunterrichts	P. Handkes „Beschreibung" des Lebens Jesu Vorbereitung des bevorstehenden 7stündigen Gruppenunterrichts	Analysieren des Handke-Textes Motivieren für die Thematik des Gruppenunterrichts Informieren über Inhalt und Ablauf des Gruppenunterrichts Bilden von 4 Arbeitsgruppen	Hausaufgabe Arbeitsteilige Lektüre der Basis-Texte für die Gruppenarbeit	Aufgabenblätter für die 4 Arbeitsgruppen kopieren (Kopiervorlagen s. Stundenblatt, S. 15–18) Information zum Inhalt und Ablauf der Gruppenarbeit vorbereiten
8.–10. Stunde Arbeitsteilige Gruppenarbeit zu „Gottesglaube im Horizont von Jesu Leben und Wirken"	Gruppenthemen 1–4: – Der zeitgeschichtliche Kontext von Jesu Reden und Handeln – Die Mitte des Redens Jesu: Verkündigung der Gottesherrschaft und Aufruf zur Umkehr – Die Mitte des Handelns Jesu: Zuwendung zu den Armen – Jesu Tod und Auferstehung	Erarbeiten der Themen gemäß der Aufgabenstellung Vorbereiten der Ergebnispräsentation Einüben sozialer Verhaltensregeln Kooperationsfähigkeit und -bereitschaft	Hausaufgabe (für den Fall, daß die im Unterricht zur Verfügung stehende Zeit nicht ausreicht): Vorbereiten der Ergebnispräsentation	Eher zurückhaltende Betreuung der Gruppen, solange die Themen erarbeitet werden Impulse/Vorschläge, wenn die Vorbereitung der Ergebnispräsentation beginnt Ab der 9. Stunde die Medien und Materialien bereithalten, die möglicherweise von den Gruppen für die Ergebnispräsentation gebraucht werden
11.–14. Stunde Auswertung der Gruppenarbeit zu „Gottesglaube im Horizont von Jesu Leben und Wirken"	Vortrag/Ergebnispräsentation der Gruppen 1–4 Besprechen der vorgestellten Ergebnisse	Erfassen der 4 Themen der NT-Sequenz Bestimmen von Grunderfahrungen des Glaubens im Kontext des Lebens und Wirkens Jesu	Hausaufgabe (bis zur 14. Stunde von jeder Gruppe fertigzustellen): Schriftliche „Zusammenfassung der Ergebnisse" (vgl. Stundenblatt, S. 22–27) Hausaufgabe (am Ende der 14. Stunde aufzugeben): Lektüre der Ergebniszusammenfassungen	Die benötigten Medien und Materialien bereithalten Darauf achten, daß die Gruppen bei ihren Vorträgen das Zeitlimit nicht überschreiten Das Rundgespräch am Ende durch gezielte Lenkung auf eine Synthese hinführen

Stunde	Inhalt (Kurzfassung)	Zielsetzung/Wissen	Referate, Hausaufgaben	Vom Lehrer besonders zu beachten
15./16. Stunde Der ontologische Gottesbeweis Anselms von Canterbury	Problem der Beweisbarkeit Gottes Argumentationsgang von Anselms Gottesbeweis	Erkennen/nachvollziehen, daß Anselms Beweis aus einer Folge von drei Schlüssen besteht Die Überzeugungskraft von Anselms Beweis beurteilen Funktion der Vernunft für den Glauben beispielhaft begreifen		Anselms Beweis zur Vorbereitung der Doppelstunde gründlich durcharbeiten, hierbei Gaunilos und Kants Kritik mitbedenken Rücksprache mit dem „Prometheus"-Referenten
17./18. Stunde Prometheus – Rebell gegen Gott im Namen der Menschlichkeit	Aktualität antiker Mythologie Der klassische Prometheus-Mythos Zwei lyrische Neugestaltungen des Prometheus-Stoffs (J. W. Goethe, V. Braun) Holzschnitt „Prometheus" von F. Masereel	Klassischer Prometheus-Mythos: urbildhafte Aussage über das Menschsein Prometheus in neuzeitlicher Rezeption: Symbolgestalt menschlicher Autonomie und menschlichen Schöpfertums Ambivalenz des prometheischen Menschen		Arbeitsblatt im Klassensatz kopieren (Kopiervorlage s. Stundenblatt, S. 35) Folien, Folienstifte und Overheadprojektor bereithalten Phase 3 und/oder Phase 6 bei Zeitnot weglassen Rücksprache mit dem „Feuerbach"-Referenten
19./20. Stunde Ludwig Feuerbach: Religion als Produkt des mit sich entzweiten Bewußtseins	Prometheischer Charakter der „großen" Religionskritik Feuerbachs – Leben – Religionskritik – Wirkung auf G. Keller	Biographische Grunddaten Feuerbachs – antimetaphysischer Ansatz – religionskritische Kernthese – Hauptaussagen zur Entstehung und zum Wesen der Religion Diesseitsbejahung in der Folge von Feuerbachs Jenseitskritik	Hausaufgabe (für die 20. Stunde, falls diese nicht unmittelbar auf die 19. Stunde folgt): Analyse der Textauszüge aus Feuerbachs „Vorlesungen über das Wesen der Religion" und „Das Wesen des Christentums"	Wenn die Textanalyse nicht als Hausarbeit möglich ist, sondern im Unterricht stattfinden muß, ist die Doppelstunde um eine zusätzliche Stunde zu erweitern Vortrag zum Verhältnis Feuerbach – Hegel vorbereiten Schematische Tafelübersicht zu Feuerbachs Religionskritik (s. Stundenblatt, S. 40) bei der Vorbereitung gründlich durchgehen Rücksprache mit dem „Marx"-Referenten
21./22. Stunde Karl Marx: Religion als Ideologie einer verkehrten Welt	Beziehung Marx – Prometheus Marx' – Leben – ökonomisch-philosophische Theorie – Religionskritik	Marx' Selbstverständnis Biographische Grunddaten Grundbegriffe von Marx' ökonomisch-philosophischer Theorie Marx' – Religionskritik in ihrem Verhältnis zu Feuerbach – Theorie vom Dasein und der Funktion der Religion – Religionsverständnis/-begriff	Hausaufgabe Lektüre des Textes von U. Neuenschwander, Friedrich Nietzsche Referatvergabe für die 25./26. Stunde: Die literarische Form des Hiobbuches (Literaturangabe s. Darstellung der 21./22. Stunde, S. 65)	Arbeitsblatt im Klassensatz kopieren, hierbei die Spalte „Lösungen" abdecken (Kopiervorlage s. Stundenblatt, S. 43)

23. Stunde Friedrich Nietzsche: „Gott ist tot"	E. Munchs „Geschrei" als bildhafter Ausdruck nihilistischer Erfahrung Nietzsches – Leben – „Gott ist tot" – Philosophie (Text: Der tolle Mensch)	Situation des modernen Menschen Grunddaten der Biographie Nietzsches Nietzsches ambivalente Bewertung des Todes Gottes (Katastrophe – größtes Ereignis in der Geschichte der Menschheit) Unterscheidung zwischen „subjektivem" und „objektivem" Maßstab in Nietzsches Bewertung Beziehung „Übermensch" – Prometheus	E. Munchs „Geschrei" ist den Schülern u. U. schon bekannt Vortrag über Diogenes von Sinope vorbereiten Lektüre des Textes von U. Neuenschwander (= Hausaufgabe) Voraussetzung für das Unterrichtsgespräch in Phase 4
24. Stunde Jean-Paul Sartre: Freiheit oder Gottesglaube	Sartres – Leben und Werk – Existentialismus	Biographische Grunddaten/-kenntnisse Verhältnis von Essenz und Existenz – in der Tradition – nach Sartre Gedankengang in Sartres Darlegung des Existentialismus Problem des Bösen bei Sartres Konzeption	Überblick über Sartres Leben und Werk vorbereiten Inhaltsangabe zu Sartres Drama „Der Teufel und der liebe Gott" lesen (s. Darstellung der Stunde, S. 72 f.; ergänzend: Schauspielführer) Rücksprache mit dem – „Fritz Zorn"-Referenten – „Hiobbuch"-Referenten
25./26. Stunde Hiob – abrahamisch Glaubender oder prometheischer Rebell?	Fritz Zorns – Lebensgeschichte – Hiobkritik Das Buch Hiob: Rahmenerzählung und Drama Deutungen des Hiob: – der Dulder (F. Zorn) – der Rebell (E. Bloch) – der Dulder und Rebell (C. Westermann)	Ablehnung Gottes angesichts des Leids in der Welt Fragwürdigkeit des klaglosen Erduldens Formale und inhaltliche Unterschiede zwischen Hioberzählung und Hiobdrama Das Schicksal Hiobs Sich-Fügen in Gottes Willen und Sich-Auflehnen gegen Gott: beide Möglichkeiten zum Glauben Hiobs gehörig Prometheische Haltung in den Gottesglauben integrierbar Beziehung zu Gott komplexer als die in dem Dilemma enthaltene: entweder Gott als Herrscher und der Mensch als Sich-Fügender – oder ein nichtexistenter Gott und ein freier Mensch	Diese Doppelstunde wegen der Komplexität des zu vermittelnden Inhalts besonders gründlich vorbereiten

Darstellung der Einzelstunden

Einführung in die Unterrichtseinheit

1. Stunde:
Glaube zwischen Ja und Nein

A. Methodisch-didaktische Vorbemerkungen

Die erste Stunde einer Unterrichtseinheit hat ein Doppeltes zu leisten: zum einen muß sie die Schüler für das Thema interessieren, zum anderen soll sie die vielfältigen Gesichtspunkte des Themas aufreißen, einen Überblick geben und einen Verstehenshorizont eröffnen.

Motivation und Information werden oft auf verschiedenem Wege zu vermitteln versucht, etwa in der Form, daß für die Motivation ein besonders ansprechendes Medium (Karikatur, Statement, Kurzfilm...) zuständig ist, für die Information dagegen ein Sachtext oder Lehrervortrag. Ideal ist es freilich, wenn die inhaltliche Auseinandersetzung und die Motivation Hand in Hand gehen, wenn also der Umgang mit der Sache selbst anspricht und interessiert. Das wird um so mehr der Fall sein, als die Schüler das Thema auf ihre Erfahrungswelt beziehen oder mit dieser zusammenbringen können. Dann erscheint das Thema als eine Sache, die im eigenen Interesse behandelt wird. Das Thema „Gottesglaube – Atheismus" werden die Schüler auf das bloße Hören hin für eine wissenschaftliche, sie selbst wenig berührende Angelegenheit halten. Doch wird es ihnen sofort vertrauter und naheliegender, wenn es von der Erfahrungsdimension der biographischen Entwicklung her eingeführt wird. Die Schüler haben bereits einige religiöse Entwicklungsstadien durchlaufen, sie haben schon ein Stück Glaubens- und Unglaubensgeschichte hinter sich. Sie kennen Glauben und Unglauben als Bestandteil der eigenen Biographie, und ihrem Lebensalter entsprechend ist ihnen bewußt, daß das Erwachsenwerden sich auch am verantwortlich begründeten Ja oder Nein zum Glauben entscheidet.

Um das Thema „Gottesglaube – Atheismus" im Erfahrungshorizont der Biographie einzuführen, könnte direkt bei der religiösen Entwicklungsgeschichte der Schüler angesetzt werden. Doch gelänge ein solch unvermittelter Ansatz nur, wenn die Schüler untereinander und mit dem Lehrer ein sehr offenes Verhältnis hätten. Bei einer normalen Klassensituation wären die Schüler in ihren Äußerungen gehemmt, weil sie den Eingriff in ihre Intimsphäre als zu stark empfänden. Es empfiehlt sich statt dessen, den Zusammenhang zwischen den Lebenserfahrungen und den Haltungen von Glauben und Unglauben anhand einer exemplarischen Biographie zu behandeln. Ob die Wahl auf eine fiktive oder eine reale Biographie fällt, spielt letztlich keine Rolle. Für die Stunde hier wird eine Erzählung von Susanne Kilian eingesetzt: „Frau Bertolds wechselhafte Beziehungen zum lieben Gott" (Mat. 1).

Die inhaltliche Erarbeitung des Textes macht den Schülern eigene religiöse Erfahrungen bewußter, und sie werden dann gewiß auch das Bedürfnis haben, sich persönlich zum Problem des im Laufe des Lebens sich wandelnden Gottesbildes zu äußern. Damit nicht nur einige, sondern alle Schüler die eigene Meinung und Einstellung zur Sprache bringen können, wird auf die Form des Schreibgesprächs zurückgegriffen. Diese Methode hat überdies den Vorzug, daß sie die konzentrierte Besinnung fördert, weil sie lautlos, in fast meditativer Stille, vor sich geht (Beschreibung des Schreibgesprächs s. „C. Stundenverlauf").

Der Ansatz der ersten Stunde, Gottesglaube und Atheismus auf Lebenserfahrungen zu beziehen und von ihnen her zu befragen, wird für die ganze Unterrichtseinheit ein maßgeblicher Gesichtspunkt bleiben. Von der lernpsychologischen Begründung abgesehen, ist dieser Leitgedanke auch von der Sache her motiviert. Die Überzeugungsstruktur sowohl des biblischen Glaubens als auch der ausdrücklichen Ablehnung des Gottesglaubens ist immer wieder dadurch geprägt, daß die existentielle Betroffenheit des Menschen in der je konkreten Lebenssituation zum entscheidenden Kriterium wird.

B. Ziele dieser Stunde

Die Schüler sollen am Ende der Stunde
– ablehnende und bejahende Gedanken zu Frau Bertolds Gottesglauben formulieren können,
– fähig sein, eine eigene Position und Einstellung in der Gottesfrage zu artikulieren,
– Interesse an einer intellektuellen Auseinandersetzung mit dem Atheismus haben,
– motiviert sein, die atheistische Kritik des modernen Menschen an Beispielen biblischer Glaubenserfahrung zu überprüfen.

C. Stundenverlauf

Phase 1: Die Erzählung von Susanne Kilian „Frau Bertolds wechselhafte Beziehungen zum lieben Gott" (Mat. 1) bringt das Gottesbild in Zusammenhang mit der jeweiligen biographischen Situation. Beginnend bei der kindlichen Vorstellung des „lieben Gottes" mit dem „Rauschebart", werden die Wandlungen des Gottesbildes bis ins hohe Alter dargestellt:

Das kleine Mädchen hat ein noch ungetrübtes, ein gutes Verhältnis zu Gott. Ambivalent werden die Beziehungen des Kindes in dem Augenblick, als es im Kommunionunterricht von dem zornigen, Sünden bestrafenden Gott erfährt. Im Jugendalter ist die spätere Frau Bertold nicht gerade fromm, aber sie geht jeden Sonntag in die Messe, weil es sich gehört. Als Frau Bertold heiratet, findet die Hochzeit in der Kirche statt – „mit allem Drum und Dran". Ihre Kinder werden getauft, und selbstverständlich werden sie sonntags zur Messe geschickt. Aber Frau Bertolds eigene Beziehungen zu Gott und der Kirche „schlafen" immer mehr „ein". Ein Gottesdienstbesuch zu Weihnachten, einer zu Ostern, das ist es schon. Das Bild von Gott verblaßt zusehends, und irgendwann ist Gott ganz aus dem Leben Frau Bertolds verschwunden. Frau Bertold wird älter; ihr Mann stirbt. Nun ist sie sehr allein, denn ihre Kinder sind weit weg. Als sie dann noch krank wird und ihr der Tod vor Augen steht, da beginnt sie wieder ihre Beziehungen zu Gott aufzunehmen. Sie fühlt sich schwach wie ein winziges Kind, und so ist der Gedanke an den lieben, gütigen Gott ihrer Kindertage ihr Trost und ihre Hoffnung.

Der Text wird laut vorgelesen. Sodann fordert der Lehrer die Schüler auf, ihre spontanen Eindrücke zu äußern. Die Schüler dürften sich rege zu Wort melden, da sie im Text zum einen die eigene religiöse

17

Sozialisation gespiegelt sehen, zum anderen von ihnen selbst schon gedachte religionskritische Ansätze wiedererkennen.

Phase 2: Nachdem die spontanen Eindrücke ausgetauscht sind, kann der Text näher analysiert werden. Die Untersuchung richtet sich auf die Eigenschaften und Funktionen, die in Susanne Kilians Erzählung ausdrücklich oder unausgesprochen mit Gott verbunden werden. Da die Untersuchungsaufgabe leicht zu bewältigen ist, erfolgt ihre Lösung in Einzelarbeit.

Die Ergebnisse der Textarbeit werden an der Tafel gesammelt. Das fertige Tafelbild wird von den Schülern ins Heft übernommen. Im Klassengespräch wird dann noch kurz geklärt, welchen Lebensphasen sich die verschiedenen Gottesvorstellungen zuordnen lassen.

Phase 3: Frau Bertolds wechselhafte Beziehungen zu Gott, so wie sie in der Erzählung dargelegt sind, fordern eine religionskritische Betrachtung geradezu heraus. Der Leser gewinnt den Eindruck, daß das Gottesverhältnis eines Menschen im wesentlichen die Folge seiner jeweiligen Lebenssituation ist. Es kommt nun darauf an, daß die Schüler ihre persönliche Meinung und Einstellung in geeigneter Form artikulieren können. Im Klassengespräch wird die eigene Einstellung, wenn sie an sehr persönliche Dinge rührt, immer nur unter Vorbehalten und Einschränkungen zur Sprache kommen. Dagegen sprechen sich die Schüler in der Form des Schreibgesprächs nach aller Erfahrung sehr offen und – vor allem – sehr emotional aus.

Das Schreibgespräch hat einen intimen Charakter, denn es ist ein schriftlicher Dialog zwischen zwei Partnern, in der Regel den Banknachbarn. Grundsätzlich geht das Schreibgespräch so vor sich: In der Mitte eines Blatts Papier (DIN-A 4-Format) wird – nach Vorgabe des Lehrers – eine unvollständige, zu ergänzende Aussage, ein Statement oder ein Stichwort eingetragen. Einer der beiden Nachbarn schreibt einen ersten Beitrag auf und gibt das Blatt an den anderen weiter. Dieser äußert sich dann seinerseits zu der Vorgabe in der Mitte des Blatts, oder er nimmt bereits Bezug auf den ersten Beitrag. Von da an entwickelt sich ein schriftliches Gespräch in ständigem Wechsel der Beiträge. Die Dialogpartner reagieren auf die Äußerungen des jeweils anderen durch Frage, Antwort, Gegenthese, Zustimmung, Modifikation... Damit das Schreibgespräch wirklich gelingt, muß die Verständigung ohne Ausnahme schriftlich erfolgen. Die Ruhe und der langsame Fortgang des Gesprächs führen zu einer Tiefe des Nachdenkens, die sonst nur selten erreicht wird.

Innerhalb dieser Stunde wird die Methode des Schreibgesprächs etwas abgewandelt. Die Vorgabe, die die Schüler erhalten, ist eine Fiktion: Sie sollen das Gespräch so führen, als ob es zwischen Frau Bertold und einem Kritiker ihrer Gottesbeziehungen stattfände. Der eine Partner übernimmt die Rolle der Frau Bertold, der andere die Rolle des Kritikers.

Phase 4: Die Auswertung des Schreibgesprächs erfolgt im Klassengespräch. Die Schüler tragen vor, welche Gedanken in ihrem Schreibgespräch für oder gegen den Gottesglauben Frau Bertolds sprechen. Der Lehrer sammelt die Gedanken unter den Überschriften „Atheismus" und „Glaube" an der Tafel. Die Schüler halten den Tafelanschrieb in ihrem Heft fest.

Sind die Gesichtspunkte für und gegen den Gottesglauben Frau Bertolds zusammengetragen, versucht der Lehrer, das Vorwissen der Schüler über den Atheismus der Neuzeit zu aktualisieren. Als Impuls dient die Frage, ob sie die selbst formulierten Einwände gegen Frau Bertolds Gottesglauben mit atheistischen Positionen aus dem 19. und 20. Jahrhundert in Verbindung bringen können.

Phase 5: Um organisch auf die folgende Teileinheit „Biblischer Gottesglaube" (2.–14. Stunde) hinzuführen, wird die Diskussion um den Gottesglauben Frau Bertolds auf die Ebene der biblischen Glaubenserfahrungen transferiert. Der Lehrer stellt der Klasse die Frage, ob die gegen Frau Bertolds Gott vorgebrachten Einwände auch gegen den biblisch bezeugten Gott gerichtet werden können. Die Frage kann und soll nur in sehr vorläufiger Weise beantwortet werden. Für die Schüler wird aber in jedem Fall klar, in welchem Problemhorizont die folgenden Stunden stehen. Und der Lehrer erkennt aus den spontanen Äußerungen der Schüler, welche Schwerpunkte er bei der Teileinheit „Biblischer Gottesglaube" setzen sollte.

Phase 6: Zum Schluß der Stunde verteilt der Lehrer die Referate, die im Verlauf der Unterrichtseinheit gehalten werden sollen. Ob er die Referenten nur auf Literatur verweist oder ob er die benötigten Texte (Kopien, Bücher) für sie bereithält, hängt von den örtlichen Gegebenheiten ab. Wenn eine Bibliothek – Schulbücherei oder öffentliche Bücherei – da ist, die über entsprechende Literatur verfügt, kann sich der Lehrer mit Literaturangaben begnügen.
Die Texte, die im folgenden für die Erar-

beitung der Referate 1–3 vorgeschlagen werden, haben sich als geeignet erwiesen; falls sie aber nicht greifbar sind, wird der Lehrer gewiß anderes verwendbares Material zur Hand haben bzw. kennen. Der Text für das Referat 4 muß zwangsläufig der angegebene sein.

Referat 1 (17./18. Stunde): Der antike Prometheus-Mythos
Literatur:
Karl Kerényi, Die Mythologie der Griechen, Bd. I: Die Götter- und Menschheitsgeschichten. München 1987 (dtv Allg. Reihe 1345)

Referat 2 (19./20. Stunde): Ludwig Feuerbach – Skizze seines Lebens und Werks
Literatur:
Hans Küng, Existiert Gott? München 1978, 224–226
Hans-Martin Sass, Ludwig Feuerbach. Reinbek bei Hamburg 1978 (= rowohlts monographien 269)

Referat 3 (21./22. Stunde): Karl Marx – Skizze seines Lebens und Werks
Literatur:
Hans Küng, Existiert Gott? München 1978, 252–260
Werner Blumenberg, Karl Marx. Reinbek bei Hamburg 1986 (= rowohlts monographien 76)

Referat 4 (25./26. Stunde): Die Lebensgeschichte Fritz Zorns
Literatur:
Fritz Zorn, Mars. Frankfurt a. M. 1979. Erster Teil (= Kap. I–IX)

Gottesglaube im Erfahrungshorizont des Alten Testaments

2./3. Stunde:
Abrahams Exodus

A. Methodisch-didaktische Vorbemerkungen

Die Doppelstunde „Abrahams Exodus" eröffnet die Teileinheit „Biblischer Gottesglaube". Wie die Durchführung dieser Teileinheit durch die Einführungsstunde motiviert und vorbereitet worden ist, soll kurz bedacht werden: Die Aufgabe der ersten Stunde war es, das Problemfeld der Unterrichtseinheit zu umreißen. Am Beispiel der Kilian-Erzählung wurde den Schülern der enge Zusammenhang von Lebenssituation und Gottesglaube vor Augen geführt. Hierbei sollte deutlich geworden sein: Wenn der Gottesglaube wesentlich als Funktion der Lebenssituation verstanden wird, so führt das zum Grundgedanken aller Religionskritik, wonach die Idee „Gott" ein aus verschieden bestimmbaren, jedenfalls aber defizitären Umständen erwachsenes Produkt ist, das den Menschen nicht zu sich, sondern von sich bringt. Im Gegenzug müßten die Schüler erkannt haben: Da dieser Grundgedanke der Religionskritik auf Erfahrung gründet oder wenigstens sich darauf beruft, kann ihm angemessen nur auf der Ebene der Erfahrung begegnet werden. Ob er zutrifft und wie er zutrifft, ist für einen Christen vorrangig am Beispiel biblischer Glaubenserfahrungen zu prüfen. Entsprechend dem Anwurf der Religionskritik müssen die Leitfragen der biblischen Untersuchung lauten:

– Inwieweit bezeugt die biblische Rede von Gott diesen als eine erfahrbare, das Leben des Menschen bestimmende Wirklichkeit?
– Wie verhalten sich nach biblischem Zeugnis göttliche Fremdbestimmung und menschliche Selbstbestimmung zueinander?
– Wie hängt – gemäß dem Ausweis der Bibel – die Idee Gottes von den Lebensumständen des Menschen ab?

Da die Bibelarbeit – aus Gründen, die hier nicht zu erörtern sind – in der Regel bei den Schülern eher unbeliebt ist, muß diese die Teileinheit „Biblischer Gottesglaube" eröffnende Doppelstunde möglichst motivierend wirken. Die differenzierte Untersuchung eines Textes aus dem „Abraham"-Zyklus ist nicht vorgesehen. Vielmehr soll das Kennzeichnende des abrahamischen Glaubens vorrangig visuell vermittelt werden – durch die Analyse der Litzenburger-Grafik „Abraham" (Mat. 2). Der der Grafik zugrundeliegende Text Gen 12,1–4 wird im Verlauf der Bildanalyse als Verständnishilfe einbezogen. Zur Vertiefung des am Bild Erarbeiteten wird sodann ein Text von Maria Kassel gelesen, der in ungewöhnlicher Weise, nämlich nach tiefenpsychologischer Methode, Abrahams „Exodus" interpretiert (Mat. 3). Die Aufdeckung der „menschlichen Tiefenerfahrungen", die in der Erzählung von Abrahams Wegzug enthalten sind, erhebt das Schicksal Abrahams zum biblischen Urbild; seine Glaubenserfahrung erscheint als „Modell" allen biblischen Glaubens.

Die solchermaßen entwickelte Grundstruktur des biblischen Gottesglaubens gibt dem Schüler vorab ein Basiswissen. Zugleich kann sie als Anhaltspunkt für die folgenden Stunden dienen, indem die dort zu behandelnden Glaubenserfahrungen immer wieder auf das abrahamische „Modell" zurückgeführt werden können.

Im Übergang zum „Atheismus" wird das Verfahren der modellhaften Erschließung einer menschlichen Grundhaltung am Beispiel des Prometheus wiederholt werden. Der Typus seines Verhaltens wird den Schülern nachdrücklich als Antitypus zu Abrahams gläubigem Handeln vor Augen treten.

B. Ziele dieser Stunden

Die Schüler sollen

- Abrahams Entscheidungssituation als Konflikt zwischen Nähe und Weite, Gewißheit und Ungewißheit, Sicherheit und Risiko beschreiben können,
- erkennen, daß in Abrahams Exodus die Grunderfahrung des Menschen gespiegelt ist, im Zentrum der Person immer wieder aufgerufen zu sein, sich zu verändern und zu lösen, herauszugehen aus dem Raum der Geborgenheit und Vertrautheit,
- am Beispiel von Abrahams Berufung verstehen, daß Glaube und Emanzipation, Sich-Festmachen an Gott und Befreiung aus verengenden Bindungen sich nicht nur nicht ausschließen, sondern wechselseitig bedingen.

C. Stundenverlauf

Phase 1: Der Lehrer läßt sogleich, ohne eine Einführung zu geben, Mat. 2, die Reproduktion von Litzenburgers Grafik „Abraham", aufschlagen. Der Titel der Zeichnung ist nicht angegeben, damit die Bildbetrachtung nicht vorweg auf die Aspekte, die im Vorwissen der Schüler gelegen sind, festgelegt und also enggeführt wird. Die Schüler schauen sich die Grafik in aller Ruhe an; sie sehen sich ein und lassen das Bild auf sich wirken. Nach zwei oder drei Minuten schweigender Bildbetrachtung fordert der Lehrer die Schüler auf, ihre Bildeindrücke zu formulieren. Die Beiträge der Schüler werden in Stichworten kommentarlos an der Tafel gesammelt.

Sobald die Bildeindrücke alle genannt sind, wird im Klassengespräch darüber nachgedacht, welche Situation wohl im Bild dargestellt ist. Der Phantasie sind insofern Grenzen gesetzt, als die Vermutungen erkennbar durch den Bildgegenstand inspiriert sein sollen. Um direkt auf die „eigentliche" Bildidee hinzuführen, fragt der Lehrer dann weiter, welche biblische Gestalt der Mann auf dem Bild verkörpern könnte. Ist der Mann – aus dem Stegreif oder mit Hilfe des Lehrers – als Abraham identifiziert, informiert der Lehrer kurz über den Schöpfer des Bilds, Roland Peter Litzenburger:

R. P. Litzenburger, geb. 1917 in Ludwigshafen am Rhein, gest. 1987 in Leimbach bei Markdorf am Bodensee. Seine künstlerische Ausbildung erhielt er in Oberammergau, Stuttgart und Freiburg. 1950 trat er mit dem „Blauen Christus" erstmals an eine größere Öffentlichkeit. 1971 gestaltete er die Bilder zum Markdorfer Jugendkreuzweg, darunter die inzwischen weit bekannten Bilder „Schutzmantelchristus" und „Ostersonne". 1975 veröffentlichte er einen Zyklus von Christusbildern. Außer vielen Zeichnungen und Lithographien mit biblischen Themen hat Litzenburger auch Glasfenster und Arbeiten aus Metall für öffentliche Gebäude, besonders für Kirchen, gestaltet.

Nach der Lehrerinformation wird die der Grafik zugrundeliegende Bibelstelle Gen 12,1–4a gelesen. Was Abraham empfand, als Gott ihn zum Wegzug aufforderte, und wie er fühlte, als er dann tatsächlich aufbrach, darüber schweigt sich der Bibeltext aus. Litzenburgers Grafik füllt diese Leerstelle auf ihre Weise aus, indem sie die Seelenlage Abrahams in seinem Äußeren zu zeigen versucht. Sowohl für das Verständnis des Bildes als auch für das Verständnis des Bibeltextes ist es erhellend, wenn jetzt darüber gesprochen wird, ob die anfangs geäußerten Bildeindrücke (soweit sie das Denken, Fühlen und Empfinden des Mannes betrafen) der mutmaßlichen seelischen Situation Abrahams entsprechen.

Phase 2: In der zweiten Phase geht es darum, den Bildgehalt durch eine Analyse der Bildkonstruktion und -komposition herauszuarbeiten. Die Lösung dieser Aufgabe dürfte für die Schüler nicht allzu schwierig sein, sofern sie durch den Kunstunterricht in der Formanalyse eines Bildes geübt sind. Falls eine Geübtheit nicht vorausgesetzt werden kann, ist es vielleicht ratsam, die Untersuchung des Bildaufbaus im fragend-entwickelnden Verfahren durchzuführen.
Für die Auswertung der Schülerergebnisse bietet sich an, daß zwei Schüler parallel ihre Lösungen an die Tafel zeichnen. Im Unterrichtsgespräch wird überprüft, inwieweit in den Lösungsvorschlägen die Struktur der Grafik erfaßt ist. Gegebenenfalls sind an den Skizzen Ergänzungen bzw. Verbesserungen anzubringen. Entscheidend ist sodann die Frage, welche inhaltlichen Folgerungen sich aus der Erkenntnis der Kompositionsprinzipien ableiten lassen. Bei ihrer Beantwortung im Klassengespräch muß deutlich werden, daß die Aufteilung des Bildes in einen „offenen" (weitgehend ungestalteten) und einen „beengten" (durchgestalteten) Bereich den Grundkonflikt Abrahams widerspiegelt, der durch Gottes Berufung ausgelöst worden ist: Abraham muß sich entscheiden, ob er am Vertrauten, Sicheren, Nahen festhält – oder ob er alles zugunsten einer Verheißung aufgibt, die ihm Freiheit eröffnet, zugleich aber auch das Wagnis, das Risiko der Ungewißheit, fordert.

Phase 3: Die Aufgabe dieser Phase besteht vorrangig nicht darin, die Schüler mit einer neuen Methode der Textinterpretation bekannt zu machen. Entscheidend kommt es vielmehr darauf an, in Abrahams Exodus-Erfahrung durch die sogenannte „archetypische Schriftauslegung" eine Tiefenstruktur aufzudecken, die für allen biblischen Glauben bestimmend ist (und deren Erkenntnis als „Katalysator" [Kassel, 62; s. Literaturverzeichnis] für die Lebensbewältigung des heutigen Menschen dienen kann). Daß die unbekannte Methode auf die Schüler den Reiz des Neuen ausübt und insofern motiviert, ist freilich eine erwünschte Wirkung.
Der Text von Maria Kassel (Mat. 3) ist für die Schüler weitgehend verständlich, auch ohne daß sie die Jungsche Psychologie, die der „archetypischen Schriftauslegung" zugrundeliegt, kennen. Einige Fachbegriffe sollte der Lehrer allerdings im Anschluß an die Textlektüre kurz erläutern. Soweit sich der Lehrer selbst mit der tiefenpsychologischen Bibelauslegung nach C. G. Jung vertraut machen möchte, ist auf Kassels Buch, aus dem der herangezogene Text stammt, zu verweisen (s. Literaturverzeichnis). An dieser Stelle soll – mit dem Ziel einer ersten groben Orientierung – nur einiges Grundsätzliche zur archetypischen Textinterpretation ausgeführt werden.

Die archetypische Bibelauslegung will keine neue Spielart von Textinterpretation sein, die alternativ zur historisch-kritischen Exegese anzuwenden wäre, sondern sie beansprucht, die historisch-kritische Exegese in einem wesentlichen Sinne zu ergänzen. Ihr Anliegen ist es, „die in den Bibeltexten ruhenden menschlichen Tiefenerfahrungen zu erschließen" (Kassel, 26). Die historisch-kritische Exegese kann zwar mit ihren Mitteln an einem Bibeltext verschiedene Motivschichten aufdecken; den Sinngehalt der Motivschichten vermag sie aber nur insoweit zu entschlüsseln, als diese ein „Produkt der Ratio" sind, „von der sich die Methoden der historischen Kritik allein herleiten" (Kassel, 79). Die Produktionsanteile des Unbewußten, dessen Wirkung und Mächtigkeit in der Entstehungsgeschichte biblischer Texte nicht zu unterschätzen ist, entziehen sich von selbst dem Verständnis der historisch-kritischen Exegese. Für eine Bibel-Rezeption am Leitfaden der historischen Kritik bedeutet das, daß „nur die oberste, die dünne Bewußtseinsschicht" angesprochen wird. Die tieferen – irrationalen – Schichten des Rezipienten werden dagegen nicht (oder allenfalls „hinter seinem Rücken") in den Verstehensprozeß einbezogen, so daß es keineswegs verwundert, wenn „bei einer so schmalen Auffangfläche für die Ergebnisse historischer Kritik keine allzu große existentielle Bewegung durch sie beim Menschen entsteht" (Kassel, 58).

Das Fundament, auf dem die tiefenpsychologische Bibelauslegung steht und sich begründet, ist durch zwei auf C. G. Jung zurückführbare Annahmen auszudrücken: Zum einen geht sie davon aus, daß die Religion dem Menschen als „psychisches Konstitutivum" (Kassel, 83) eigen ist, das im kollektiven Unbewußten, in der nicht der persönlichen Lebensgeschichte entstammenden, sondern angeborenen und deshalb „cum grano salis" (Jung) bei allen Menschen gleichen tiefsten Schicht der Psyche, wurzelt, zum anderen setzt sie

voraus, daß religiöse Erfahrung und Identitätsbildung des Menschen aufs engste miteinander verknüpft sind, so daß weder „Glaube . . . ohne Teilnahme an der Selbstwerdung des Menschen . . . möglich (ist)" noch „umgekehrt . . . der Selbstwerdungsprozeß das Ziel der Ganzheit . . . erreichen (kann) ohne Einbezug der religiösen Dimension" (Kassel, 84). Entsprechend diesen Annahmen ist zu folgern, daß biblische Texte erstens als Zeugnisse religiöser Erfahrung zugleich immer Zeugnisse von Prozessen menschlicher Identitätsfindung sind und daß sie zweitens aufgrund der tiefenpsychologischen Verankerung des Religiösen im besonderen und der Selbstwerdung im allgemeinen immer Manifestationen des kollektiven Unbewußten enthalten. Wird nun an der biblisch bezeugten historischen Glaubenserfahrung die Wirksamkeit des kollektiven Unbewußten in der Weise entschlüsselt, daß durch die Aufdeckung seiner allgemeingültigen Grundstruktur die zeitlose Tiefendimension der jeweiligen Glaubenserfahrung versteh- und nachvollziehbar wird, so ergeben sich hieraus für den heutigen Menschen existentiell wichtige Aussagen, in denen Ur-Muster menschlicher Entwicklung und Lebensbewältigung wieder gegenwärtig werden. Die aus der Tiefenschicht der biblischen Texte erhobene Erkenntnis der überpersönlichen, vom kollektiven Unbewußten herstammenden Anteile im individuellen Glaubensvollzug eröffnet dem Bibelleser heute die Möglichkeit, Grundpotenzen, die in seinem kollektiven Unbewußten nach wie vor enthalten sind, für seine Glaubenserfahrung und Individuation zu aktivieren.

Die Methoden, mit denen die biblischen Urbilder des Glaubens- und Selbstvollzugs erschlossen werden können, sind grundsätzlich in zwei Gruppen zu sondern: in die „Spontanmethoden" und in die wissenschaftlich reflektierte Methode (Kassel, 188 ff.).

Bei den Spontanmethoden „kommt es ausschließlich darauf an, einen unmittelbaren Kontakt zwischen Leser und Text herzustellen, möglichst unter Ausschaltung der rationalen Kontrolle" (Kassel, 188 f.). Das kollektive Unbewußte des Lesers soll gewissermaßen direkt mit dem im Text enthaltenen kollektiven Unbewußten kommunizieren. Diesen Zweck erfüllt etwa die freie Assoziation.

Die wissenschaftlich reflektierte Methode dagegen muß dem Postulat der Falsifizierbarkeit genügen. Sie ist abgeleitet von der Archetypenlehre C. G. Jungs. Nach Jung sind Archetypen vererbte und an sich selbst dem Bewußtsein nicht zugängliche Funktionen der Psyche, welche dem Selbstwerdungsprozeß der Menschen das Gepräge geben, „Formen ohne Inhalt, welche bloß die Möglichkeiten eines bestimmten Typus der Auffassung und des Handelns darstellen", „unbewußte psychische Dispositionen, vermöge welcher der Mensch in menschlicher Art zu reagieren imstande ist", eine „Art Bereitschaft, immer wieder dieselben oder ähnliche mythische Vorstellungen zu reproduzieren", „Einprägungen immer wiederholter typischer Erfahrungen" (Zitate nach Kassel, 109). Als selbständige Faktoren der menschlichen Psyche setzen sich die Archetypen im Lebensvollzug in jedem Fall durch – „mit der bewußten Persönlichkeit, ohne oder gegen sie" (Jung). Zu einer harmonischen Ganzheit entwickelt der Mensch sich im Selbstwerdungsprozeß freilich nur dann, wenn er in bewußter Gestaltung die archetypischen Impulse „nicht ignoriert, sondern sich assimiliert, ihre Energie an sich bindet" (Kassel, 119 f.). In der Verbindung der „objektiven" Inhalte des kollektiven Unbewußten mit den „subjektiven" der individuellen Lebenssituation vollzieht sich Selbstwerdung (vgl. Kassel, 126).

Gemäß dieser Auffassung vom Wesen und von der Wirksamkeit der Archetypen liegt die Mitte der hieraus abgeleiteten wissenschaftlich reflektierten Methode tiefenpsychologischer Bibelauslegung darin, an den biblisch bezeugten Lebens- und Glaubenssituationen (sei es einzelner Menschen, sei es von Menschengruppen oder einem ganzen Volk) durch die Identifizierung der darin enthaltenen „archetypischen Aktivitäten" (Kassel, 112) die allgemeingültige Erfahrungsstruktur aufzuzeigen. Indem in Anwendung der Jungschen Lehre jeweils dargetan wird, welcher Archetypus die biblisch überlieferte (religiöse) Erfahrung geprägt hat, ist die wissenschaftliche tiefenpsychologische Bibelauslegung letztlich eine „Hermeneutik der Identitätsfindung" (Kassel, 63), die durch die Bewußtmachung und Vergegenwärtigung der uralten „patterns of behaviour" (Jung) der Lebensorientierung und -gestaltung des Menschen verschüttete Möglichkeiten zurückgewinnt.

Vor dem Hintergrund der umrißhaften Beschreibung des Fundaments, des Anliegens und der Methodik der tiefenpsychologischen Bibelauslegung bleibt nunmehr noch darzustellen, wie Kassels Interpretation des abrahamischen Exodus im Unterricht zu behandeln ist. Weil die von Kassel angewandte Form der Textdeutung mehr als andere Interpretationsverfahren geeignet ist, unmittelbar auf den Schüler zu wirken, ist es didaktisch geboten, daß nach dem Verlesen des Textes zunächst spontane Eindrücke artikuliert werden und daß über diese kurz gesprochen wird. Anschließend erklärt der Lehrer die den Schülern nicht bekannten Fachbegriffe:

Psychische Tiefendimension: der Bereich der menschlichen Seele, der sich dem Zugriff des Bewußtseins weitgehend entzieht; hier sind die maßgeblichen Beweggründe des menschlichen Lebens angesiedelt: Triebe, Gefühle, Archetypen.

Kollektives Unbewußtes: die nicht der persönlichen Lebensgeschichte entstammende, sondern angeborene und deshalb bei allen Menschen gleiche tiefste Schicht der Psyche.

Archetypen: nach C. G. Jung die das kollektive Unbewußte strukturierenden Formen. Sie sind allen Menschen gemeinsame, vererbte Ur-Möglichkeiten menschlichen Vorstellens und Handelns, die aus der tiefsten Schicht der menschlichen Seele, dem kollektiven Unbewußten, auf ihre Aktualisierung drängen. Die Aktualisierung erfolgt in besonderen Situationen und Medien wie z.B. Traum, Vision, Phantasie, Märchen und Mythos in Gestalt von Urbildern oder Symbolen.

Individuationsprozeß: Prozeß der Entfaltung des Selbst – der Persönlichkeit – durch Reifung, Wandlung und Abgrenzung.

Sind die Fachbegriffe erklärt, erhalten die Schüler den Arbeitsauftrag, die Schlüsselwörter der Kasselschen Interpretation aus dem Text herauszuschreiben und mit Hilfe dieser Schlüsselwörter die Kernaussagen des Textes zu formulieren. Die Schlüsselwörter und die „Kernsätze" werden an der Tafel gesammelt und im Klassengespräch noch weiter verdeutlicht.

Phase 4: Das bis dahin Erarbeitete soll nun verdichtet und auf ein zusammenfassendes Ergebnis reduziert werden. Weil dies den Überblick erfordert, ist methodisch ein Lehrervortrag angebracht. Damit der wesentliche Inhalt den Schülern wirklich im Gedächtnis haften bleibt, gibt der Lehrer nicht nur eine mündliche Zusammenfassung, sondern entwickelt auch veranschaulichend an der Tafel ein Schema, das die an der abrahamischen Exodussituation analysierte Struktur als Modell oder Urbild biblischen Glaubens darbietet.

Phase 5: Wenn die Doppelstunde bisher erwartungsgemäß verlaufen ist, dürften jetzt noch etwa 15 Minuten zur Verfügung stehen. Diese Zeit kann dazu benützt werden, das Lebenssymbol des Auf-dem-Weg-Seins in einer Meditation für das persönliche Erleben der Schüler weiter aufzuschließen.

Die Meditation erfolgt in einer einfachen, aber für „Anfänger" oder „Ungeübte" bewährten Form. Die Stühle werden im Kreis aufgestellt. Der Raum wird abgedunkelt, so daß nichts den Blick ablenkt und das Sehen sich gleichsam nach innen konzentriert. Die Schüler nehmen eine entspannte Körperhaltung ein, am besten im sogenannten Kutschersitz. Um es ihnen leichter zu machen, in den Zustand der inneren Ruhe zu finden, wird leise meditative Musik eingespielt. Wenn das Musikstück zu Ende ist, läßt der Lehrer zwei Minuten in völliger Stille vergehen, bevor er dann eigene Gedanken oder einen passenden fremden Text zum Lebenssymbol des Auf-dem-Weg-Seins vorträgt. Der Vortrag muß ruhig und bedächtig sein und immer wieder von Pausen unterbrochen werden, damit ein Nach-Denken und Verinnerlichen des Gehörten möglich ist. Nach dem Sprechteil klingt die Meditation mit leiser Musik aus.

Falls der Lehrer keine Zeit hat, für die Meditation einen eigenen Text vorzubereiten, kann er einen der beiden folgenden Texte von S. 26/27 verwenden.

Vom Gehen

Zu den alltäglichen Dingen unseres alltäglichen Alltags gehört das Gehen. Man denkt nur daran, wenn man nicht mehr gehen kann, sondern eingesperrt oder gelähmt ist. Dann empfindet man das Gehenkönnen plötzlich als Gnade und als Wunder.

Wir sind nicht Pflanzen, die an eine bestimmte vorgegebene Umwelt gebunden sind, wir suchen selbst unsere Umwelt auf, wir verändern sie, wir wählen und – gehen.

Wir erleben uns im Wandeln als die sich selbst Wandelnden, als die Suchenden, die erst noch ankommen müssen. Wir erfahren, daß wir die Wanderer zu einem Ziel, aber nicht die ins bloß Leere Schweifenden sein wollen.

Wir gehen, wir müssen suchen.

Aber das Letzte und Eigentliche kommt uns entgegen, sucht uns, freilich nur, wenn wir gehen, wenn wir entgegengehen.

Und wenn wir gefunden haben werden, weil wir gefunden wurden, werden wir erfahren, daß unser Entgegengehen selbst schon getragen war (Gnade nennt man dieses Getragensein) von der Kraft der Bewegung, die auf uns zukommt, von der Bewegung Gottes zu uns.

(Karl Rahner, Alltägliche Dinge, Theologische Meditationen. © 1964 by Benziger Verlag AG, Zürich)

4./5. Stunde:
Israels Exodus

A. Methodisch-didaktische Vorbemerkungen

Das Exodus-Thema, das im AT vielfältig ausgeprägt ist, bringt Israels Glaubenserfahrung in ihrer grundlegenden Struktur zur Sprache. Immer geht es darum, daß eine überlebte Existenzweise auf eine neue, noch unbestimmte und offene Existenzform hin überschritten wird und daß in diesem Prozeß des Überschreitens Gott selbst gegenwärtig ist und begegnet.

Die Abrahams-Erzählungen, die zu Beginn der alttestamentlichen Heils-Geschichte stehen, entfalten die Bedeutung des Exodus für das individuelle Leben. Sie zeigen Abrahams Aufbrechen und Wegziehen als Beispiel für die Identität von Selbstfindung und Gottesbegegnung – und damit Abraham selbst als Urbild des Glaubens (vgl. 2./3. Stunde). Im Zentralereignis der israelitischen Heilsgeschichte, dem Auszug Israels aus Ägypten, wiederholt sich die Grunderfahrung Abrahams auf kollektiver Ebene. Wie Abraham findet das Volk im Exodus Freiheit, sich selbst und Gott. Es bilden daher die 2./3. und die 4./5. Stunde von der Sache her eine organische Einheit.

Analog der 2./3. Stunde könnte Israels Exodus wiederum durch tiefenpsychologische Kategorien aufgeschlossen und mit dem heutigen Erfahrungshorizont vermittelt werden. Doch ist ein Wechsel von der tiefenpsychologischen zur bibelkritischen Methode der Textauslegung angebracht. Da es fester Bestandteil der alttestamentlichen Tradition ist, daß im Auszug aus Ägypten sich Israel geschichtlich-real als Volk, und zwar als Volk Jahwes oder Gottes-Volk, gebildet hat, sollte entsprechend die historisch-kritische Fragestellung in den Vordergrund treten.

Für eine Doppelstunde muß der weite

Fragen

Wie groß ist dein Leben?
Wie tief?
Was kostet es dich?
Bis wann zahlst du?
Wieviel Türen hat es?
Wie oft
hast du ein neues begonnen?

Warst du schon einmal
gezwungen um es zu laufen?
Wenn ja
bist du rundherum gelaufen
im Kreis oder hast du
Einbuchtungen mitgelaufen?
Was dachtest du dir dabei?

Woran erkanntest du
daß du ganz herum warst?
Bist du mehrmals gelaufen?
War das dritte Mal
wie das zweite?

Würdest du lieber
die Strecke im Wagen fahren?
oder gefahren werden?
in welcher Richtung?
von wem?

(Erich Fried, Anfechtungen, Quartheft 22. Berlin 1967)

Stoff des israelitischen Exodus auf einige Hauptpunkte konzentriert werden. Zunächst ist jedenfalls zu klären, wie die Israeliten nach Ägypten kamen und unter welchen Umständen sie dort lebten. Von der Sache her und im Interesse der didaktischen Reduktion bietet sich sodann an, anhand von Ex 3 das Zeugnis der Namensoffenbarung Gottes zu behandeln; denn im Jahwe-Namen ist die Gotteserfahrung, die Israel während des Auszugs (und später immer wieder von neuem) machte, „am dichtesten und zugleich eindrucksvollsten" (Deissler) widergespiegelt. Mit Blick auf die moderne Wirklichkeitsauffassung muß anschließend gefragt und untersucht werden, in welcher Weise die Israeliten beim Auszug die im Jahwe-Namen verbürgte heilvolle Gegenwart und Zuwendung Gottes erfuhren. Die den Schülern seit der Kindheit bekannte Erzählung vom Durchzug durch das Schilfmeer (Ex 13,17 – 14,31) eignet sich zu einer beispielhaften Analyse besonders; es wird mit aller Deutlichkeit klar, daß die historischen Tatsachen des Geschehens am Schilfmeer, die eine „stoffkritische" Betrachtung des Textes ziemlich sicher herausschälen kann, den Israeliten nicht (nur) in „empirischer", sondern (zugleich) in transempirischer oder heilsgeschichtlicher Realität begegneten. Anders als bei der tiefenpsychologischen Auslegung, die die in Texten überlieferten Grundstrukturen menschlicher Existenz zum Vorschein bringen und für die Gegenwart des Lesers fruchtbar machen will, zielt die kritische Auslegung zuerst auf den philologisch und historisch exakten Befund. Die Aktualisierung des Textinhalts, d. h. der Zusammenschluß von der im Text bezeugten Erfahrung mit dem Erfahrungshorizont des Lesers/Hörers, muß in einem zusätzlichen Schritt eigens geleistet werden. Demgemäß ist für den Anfang und für das Ende der Doppelstunde vorgesehen, durch das Medium poetischer Texte Israels Exodus in seiner gegenwärtigen Bedeutung aufzuschließen und dem Interesse der Schüler nahezubringen.

B. Ziele dieser Stunden

Die Schüler sollen
– die Situation des Aufbrechens und Unterwegsseins als grundlegende Existenzform menschlichen Lebens erfassen,
– die Verhältnisse in Ägypten zur Zeit des israelitischen Exodus kennen,
– die Offenbarung des Jahwe-Namens in ihrer heilsgeschichtlichen Bedeutung erklären können,
– die drei Überlieferungstraditionen der Meerwunder-Erzählung unterscheiden und den historischen Kern der Ereignisse am Schilfmeer beschreiben können,
– verstehen, daß die Israeliten am Schilfmeer eine Transzendenzerfahrung machten, die das faktisch Benennbare übersteigt,
– durch eine symbolische Betrachtung des israelitischen Exodus von der eigenen Erfahrung her einen Zugang zur religiösen Tiefendimension des Ereignisses finden.

C. Stundenverlauf

Phase 1: Eingangs der Doppelstunde beschäftigen sich die Schüler mit dem Gedicht „SAG wohin gehen wir" (Mat. 4). Von seiner ganzen Anlage her regt das Gedicht die Kreativität des Lesers an und fordert zum spielerischen Umgang auf. Zugleich vermittelt das „Wir"-Pronomen dem Leser den Eindruck, daß die Frage des „Wohin" sein eigenes Problem ist. Da im Text die Sinneinheiten weder durch Satzzeichen abgegrenzt noch syntaktisch und semantisch eindeutig festgelegt sind, erhalten die Schüler die Aufgabe, mit Satzzeichen und anderen Markierungen (Unterstreichungen, Akzenten) dem Gedicht eine im lauten Vortrag artikulierbare Sinnstruktur zu unterlegen. Die Auswertung erfolgt dadurch, daß einige Schüler ihre Interpretation vortragen. Über die verschiedenen Sinndeutungen wird nicht weiter gesprochen. Sie stehen vielmehr gleichberechtigt nebeneinander, denn die Auseinandersetzung mit dem Gedicht soll ja nicht zu **der** angemessenen Interpretation führen, sondern die Schüler für die folgende Thematik empfänglich machen. In einem kurzen Vortrag leitet der Lehrer zum Hauptteil der Doppelstunde über. Er hebt heraus, daß im Kontext der vom Gedicht angesprochenen Situation, im Kontext von Aus- und Wegziehen also, sich nicht nur individuell für Abraham (s. 2./3. Stunde), sondern kollektiv für das Volk Israel die entscheidende Gottes-Erfahrung ereignete.

Phase 2: Die Beschäftigung mit Israels Exodus wird dadurch eröffnet, daß im Klassengespräch vorhandene Schülerkenntnisse zur Lage der Israeliten in Ägypten reaktiviert werden. Je nach verfügbarem Wissen der Schüler muß der Lehrer mehr oder weniger an eigenen Informationen einbringen. Umfang und Inhalt des Klassengesprächs sind etwa so zu umreißen:

Das fruchtbare Nildelta lockte während seiner ganzen Geschichte asiatische Beduinen an, die vor allem in Zeiten von Dürre und Hungersnot immigrierten. Auch die Israeliten (Apiru) dürften zum großen Teil als Immigranten – weniger als Kriegsgefangene oder durch Sklavenhandel – ins Land gekommen sein. Die biblische Darstellung der Ansiedlung der Israeliten in Ägypten findet sich in der Josephserzählung.

Die Gesellschaftsordnung Ägyptens war streng hierarchisch. Der einsame Gipfel der Gesellschaft war der Pharao, der als lebender Gott oder zumindest als Göttersohn angesehen wurde. Beim Regieren unterstützt wurde der Pharao von hohen Beamten, die (als Verwalter, Offiziere, Priester) eine Menge von Unterbeamten befehligten. Das wirtschaftliche Rückgrat des Staates bildeten die Handwerker und die Bauern. Ganz unten in der Gesellschaftspyramide standen die zwangsverpflichteten Arbeiter und die Sklaven.

Der straff organisierten zentralistischen Regierung war es in Verbindung mit Zwangsverpflichtung zur Arbeit und Sklavenhaltung möglich, Riesenprojekte zu verwirklichen (Bewässerungsanlagen, Deichsysteme, Städtebau).

Die israelitischen Immigranten wurden zur Fronarbeit herangezogen, nicht zuletzt weil der Pharao befürchtete, daß die zahlreich gewordenen Israeliten bei einem möglichen Krieg sich dem Feind anschließen könnten. In den Steinbrüchen und bei der Ziegelfabrikation hatten die zwangsverpflichteten Israeliten eine furchtbare Existenz.

Mose war für die Laufbahn eines ägyptischen Schreibers bestimmt und hatte die Schreiberschule am Hof zu besuchen. Trotz seiner ägyptischen Erziehung blieb er aber seinen Volksgenossen verbunden. Weil er einen ägyptischen Sklavenaufseher erschlug, mußte er zu den Midianitern fliehen.

Phase 3: Das reaktivierte, teilweise auch neu gewonnene Wissen der Schüler über die Lage der israelitischen Immigranten im allgemeinen und die Biographie des Mose im besonderen ist als Grundlage ausreichend, um nunmehr in eine detaillierte Analyse von Ex 3,1–17, der Erzählung vom brennenden Dornbusch und von der Namensoffenbarung, einzutreten. Zunächst wird der Text laut vorgelesen. Das anschließende Klassengespräch zielt darauf ab, die Situation zu klären, in welcher Gott dem Mose „erscheint" und seinen Namen offenbart. Die Erzählung vom brennenden Dornbusch wird von den Schülern meist für eine „Erfindung" gehalten. Demgegenüber ist im Klassengespräch die empirische und die transzendente Dimension dieser Erzählung herauszuarbeiten. Unter empirischem Aspekt ist festzuhalten, daß es nicht ungewöhnlich ist, wenn ein Busch in der Sonnenglut der Sinai-Wüste Feuer fängt. Die transzendente Seite des Mose begegnenden Naturereignisses eröffnet sich durch die Überlegung, daß der alttestamentliche Mensch aufgrund seiner vielfältigen **elementaren** Erfahrung des Feuers dieser Kraft ganz selbstverständlich einen auf Gottes Macht und Größe hinweisenden Charakter zueignen kann. Damit der Kontext, in dem Gottes Namensoffenbarung ergeht, genügend deutlich wird, ist außer dem Problem des brennenden Dornbuschs auch der Frage nachzugehen, warum denn Mose den Namen Gottes wissen will. Der Lehrer gibt den Schülern zuerst Gelegenheit, sich spontan zu äußern. Sodann führt er das Gespräch zu folgendem Ergebnis:

Für den Orientalen ist der Name einer Person nicht nur äußerliches Unterscheidungszeichen, sondern er ist – ideal gedacht – gewissermaßen ein Teil von ihr und gibt Aufschluß über ihr Wesen. Wenn also Mose Gott nach dem Namen fragt, will er in der Namens-Antwort als einer expliziten Wesensaussage glaubwürdig bestätigt finden, daß Gott wirklich zur Verheißung steht, die er ihm gemacht hat – zur Verheißung der Befreiung aus Ägypten.

Es wäre möglich, daß die Schüler die Namensoffenbarungsperikope (Ex 3,13–17) mit Hilfe eines Sekundärtextes selbständig analysierten. Doch mit Blick auf die Schwierigkeit, die sich bei der Auslegung insbesondere des sogenannten Deutungsverses „ehjeh ascher ehjeh" (3,14) ergibt, ist an dieser Stelle ein Lehrervortrag angebracht. Zur Etymologie des Jahwe-Namens bemerkt der Lehrer kurz: „Jahwe" ist vermutlich aus dem Verbum „hajah" gebildet. Dieses Verbum bedeutet im Hebräischen selten: „sein", meist: „geschehen", „werden", „da-sein"; es ist also „dynamisch" aufzufassen. Die Bedeutung der Formel „ehjeh ascher ehjeh" entwikkelt der Lehrer durch Problematisierung. Die möglichen Übersetzungen „Ich bin, der ich bin" und „Ich bin, wer ich bin" scheidet er von ihrem Sinn her als inadäquat aus und führt dann als sachadäquate Übersetzung ein: „Ich bin da, der ich da bin". In expliziter Form bedeutet die dritte Übersetzung: „Ich bin da und werde dasein als dein helfender und heilvoller Gott, was auch geschehe" (Deissler). Diese Deutung, die schon durch den Kontext – die Verheißung der Befreiung aus Ägypten – nahegelegt ist, wird eindeutig bestätigt durch Hosea 1,9. – Die Hauptpunkte seines Vortrags hält der Lehrer an der Tafel fest (Tafelbild s. Stundenblatt). Damit die Schüler das im Lehrervortrag vermittelte Wissen festigen können, sollen

sie A. Deisslers Auslegung der Namensoffenbarungsperikope (Mat. 5) zu Hause lesen. Weiter gibt der Lehrer für die Hausarbeit auf, daß die Schüler zur Vorbereitung der nächsten (= 5.) Stunde Ex 14,15 – 14,31 lesen und in Stichworten die Verständnisprobleme notieren, die sich bei der Lektüre ergeben.

Wenn die 4. und 5. Stunde nicht auseinander liegen, sondern nach Stundenplan eine Doppelstunde bilden, ist entsprechend zu ändern: die Nachbereitung des Lehrervortrags wird am Ende der 5. Stunde als Hausarbeit aufgegeben, und die Lektüre des Bibeltextes findet im Unterricht in Einzelarbeit statt.

Phase 4: Die Verständnisprobleme, die bei der Auswertung der Hausarbeit bzw. der Einzelarbeit artikuliert werden, dürften vor allem die sogenannten Naturwunder (Wolken- und Feuersäule; Spalten des Meeres und Zurückflutenlassen der Wasser durch Handausstrecken) betreffen. Ähnlich wie schon bei der Erzählung vom brennenden Dornbusch wird sich den Schülern die Frage stellen: Was ist „erfunden", was ist „wirklich" geschehen? Gelegentlich wird von den Schülern aber auch das ethische Problem formuliert, ob die Vernichtung der Ägypter durch Jahwe nicht ein Akt der Grausamkeit sei. Falls das ethische Problem angesprochen wird, versucht der Lehrer mit einer kurzen Bemerkung anzuzeigen, wie hier weitergedacht werden muß. Die Naturwunderproblematik wird gezielt vom Meerwunder her angegangen; den Phänomenen „Wolken- und Feuersäule" wird nicht weiter nachgefragt.

Die Verständigung über das Meerwunder muß, wenn sie wissenschaftlich begründet sein soll, bei einer kritischen Untersuchung des Textes ansetzen. Um die literarkritische Analyse vorzubereiten, erhalten die Schüler den Auftrag, in Partnerarbeit Widersprüche in Ex 14,15–31 festzustellen und zu überlegen, wie diese zu erklären sind. Die Ergebnisse der Partnerarbeit (s. Stundenblatt) werden gesammelt; sodann werden die erarbeiteten Erklärungen der Widersprüche näher erörtert. Da die Schüler in Klasse 12/13 (aus der „Einführung in den Umgang mit der Bibel") die Theorie von den Quellenschriften des Pentateuch kennen, ist davon auszugehen, daß wenigstens einige bei ihrer Erklärung der Widersprüche hierauf Bezug genommen haben. Der Lehrer unterstreicht, daß die Meerwunder-Erzählung (Ex 14,15–31) tatsächlich aus drei Erzähltraditionen (J, E, P) komponiert ist. In einem Vortrag arbeitet er am Text die drei Erzähltraditionen heraus (J: 14,24.25b. 27aβ.b; E: 14,25a; P: die übrigen Verse) und macht deutlich, daß das Geschehen am Schilfmeer von der ältesten bis zur jüngsten Überlieferung immer mehr ins Mirakulöse gesteigert wird (detaillierte Angaben s. Stundenblatt).

Nach der literarkritischen Analyse von Ex 14,15–31 wird abschließend im Unterrichtsgespräch die Frage behandelt, wie der Realitätsgehalt des Textes angesichts des exegetischen Befunds zu beurteilen ist. Das Gespräch sollte zu folgendem Ergebnis führen:

Wenn die spektakulären Züge von P abgezogen werden, erscheint das Geschehen am Meer als Naturereignis, das sich der besonderen Konstellation von Oststurm und Gezeitenwechsel verdankt. Die Bestimmung des historischen Kerns erfaßt freilich den Realitätsgehalt des Textes nur in modern-naturwissenschaftlicher Perspektive, die der Erfahrung der Israeliten nicht entspricht. Die Realität, die für die Israeliten im Geschehen am Meer erfahrbar wurde, ist die Realität Gottes – und zwar in dem spezifischen Sinne, daß Gott sie durch eine „Großtat" aus den Händen der Ägypter befreit hat.

Phase 5: Zu Ende der Doppelstunde wird noch W. Willms Gedicht „aus dem buch exodus" (Mat. 6) eingesetzt, um die Befreiungserfahrung der Israeliten zu aktualisieren. Der Wirkung wegen liest der Lehrer den Text vor. Das Klassengespräch konzentriert er auf Willms Symbolisierung von Elementen des Exodus-Ereignisses. Die Leitfrage lautet: In welchen Symbolen wird die zeitlose Bedeutung der israelitischen Exodus-Erfahrung erschlossen?

6. Stunde:
Ezechiels Auferweckungs-Vision: ein Paradigma für Israels Zukunftshoffnung

A. Methodisch-didaktische Vorbemerkungen

Im Exodus aus Ägypten hat Israel in unüberbietbarer Weise erfahren, daß seine Geschichte durch Gottes Verheißung auf **Zukunft** hin ausgerichtet ist und durch Gottes heilvolle Zuwendung in der **Gegenwart** sich erfüllt (s. 4./5. Stunde). Entgegen dem vorwiegend zyklisch geprägten Existenzverständnis der alten Völker versteht sich Israel fortan als wanderndes Gottesvolk, dem zukünftig immer neu das machtvolle Wirken des „Ich bin für euch da" begegnen wird. Der zukunftsorientierte Glaube Israels verdichtet sich spätestens seit der Königszeit zu der Erwartung, Jahwe werde in einer – der Schöpfung analogen – umwälzenden „Großtat" den gegenwärtig defizienten Zustand seines Volkes in einen ideal-endgültigen Zustand verwandeln. Die jeweilige Ausformung der eschatologischen Zukunftserwartung ist bedingt durch die historische Situation, in der und in bezug auf die sie formuliert wird, und außerdem abhängig von der Individualität des Visionärs.

Weil in der 6. Stunde die AT-Sequenz abgeschlossen und der Übergang zur NT-Sequenz vorbereitet werden soll, ist es sachlich naheliegend, die endzeitliche Erwartung Israels zu thematisieren. Das Thema der endzeitlichen Erwartung schließt ab, insofern die Hoffnung auf Gottes umwälzende „Großtat" der gewissermaßen höchste Ausdruck von Israels Gotteserfahrung ist, und es bereitet vor, insofern nach neutestamentlich-christlichem Verständnis mit dem Kommen Jesu „die Zeit erfüllt", d. h. die erwartete Endzeit angebrochen ist. Wenn Israels eschatologische Hoffnung am Beispiel von Ezechiels Auferweckungs-Vision (Ez 37,1–14) behandelt wird, so ist das darin begründet, daß die virtuose Bildlichkeit diese Vision der geschichtlichen Bedingtheit enthebt. Zwar ist die Vision von Ezechiels Intention her auf die konkrete Geschichte bezogen und im geschichtlichen Rahmen zu verstehen; aber zugleich ist sie zeitlos gültig, indem sie die Grundidee der israelitischen Zukunftshoffnung, Gott werde aus dem todgeweihten, d. h. beschnittenen, bedrängten, bedrückten Leben neues volles und vollendetes Leben schaffen, bildlich genau übersetzt.

Damit Ezechiels Vision eschatologischer Vollendung den Schülern nicht unvermittelt als ganz fremde Vorstellung begegnet, wird eingangs der Stunde ein ungegenständliches Bild von A. Manessier mit dem Titel „Auferstehung" (Mat. 7) betrachtet, das in einen Zyklus von Osterbildern gehört. Das Verfahren, durch ein „Osterbild" auf Ezechiels eschatologische Vision einzustimmen, ist nur scheinbar anachronistisch. Da Manessier die österliche Auferstehung nicht in ihrer biblischen Konkretion, sondern gegenstandslos in ihrem Wesen als eine alles umfassende gewaltige Bewegung darstellt, „verbild-

licht" das geschaffene Gestaltzeichen ebenso das von Ezechiel erhoffte endzeitliche Ereignis.

Nachdem die Bildbetrachtung und -deutung die Schüler für die (ihnen sonst fremde) Idee einer explosionsgleichen, die bestehenden Verhältnisse umwälzenden „Großtat" Gottes empfänglich gemacht hat, kann Ezechiels Auferweckungs-Vision in zwei Schritten erarbeitet werden: zuerst gemäß ihren historischen Intentionen, dann in ihrem fortwährenden, d. h. aktuell-gültigen Sinngehalt.

B. Ziele der Stunde

Die Schüler sollen

– für die biblische Hoffnung der endgültigen, alles verändernden Machttat Gottes sensibilisiert werden,

– anhand von Ezechiels Auferweckungs-Vision erkennen, daß die Grundidee dieser eschatologischen Hoffnung lautet: Gott schafft aus Totem neues Leben,

– Ezechiels Vision ihrem historischen Bedeutungsgehalt entsprechend erklären können,

– die Bildelemente dieser Vision in ihrer aktuellen Aussagekraft, d. h. vor dem Hintergrund gegenwärtiger Wirklichkeit verstehen.

C. Stundenverlauf

Phase 1: Die Stunde beginnt mit der Erarbeitung von A. Manessiers Farblithographie „Auferstehung" (1949). Da die Bildaussage wesentlich durch die Wirkung der Farben vermittelt wird, sollte das Bild über ein Diapositiv wiedergegeben werden (ein Dia des Bildes ist z. B. enthalten in: F. Fichtl (Hg.), Materialien zur Bildmeditation. Dias – Anregungen – Entwürfe. Freiburg/Gelnhausen [2]1979, Dia 14). Nur im Notfall, wenn kein Dia greifbar ist, sollte die Schwarzweißreproduktion im Materialienheft (Mat. 7) Verwendung finden.

Damit die Schüler dem Bild offen und unvoreingenommen begegnen können, gibt der Lehrer anfangs weder das Thema der Stunde noch den Titel des Bildes bekannt. Er fordert die Schüler nur auf, das Bild konzentriert anzuschauen und es auf sich wirken zu lassen. Nach zwei/drei Minuten stiller Betrachtung äußern die Schüler auf Impuls des Lehrers ihre Bildeindrücke. Sie werden die Farbigkeit und die Dynamik des Bildes herausstellen, aber auch schon eine Identifikation des Bildgeschehens versuchen. Es ist fast sicher, daß die spontanen Benennungen des dargestellten Geschehens alle im physisch-kosmischen Bereich liegen (Explosion, Urknall, Supernova, Sonne) und noch nicht die vom Künstler intendierte religiöse Dimension vergegenwärtigen. Das anschließende Klassengespräch hat daher die Aufgabe, in Ausweitung des vorläufigen (physikalisch-kosmologischen) Verständnishorizonts den religiösen Sinngehalt des ungegenständlichen und insofern abstrakten, im Ausdruck aber sehr wohl konkreten Bildes zu eröffnen.

Um das Klassengespräch in Gang zu bringen, stellt der Lehrer fest, daß der Künstler im Grunde kein physikalisch benennbares, sondern ein religiöses Geschehen gestalten wollte. Die Frage, welches religiöse Thema der Künstler gestaltet haben könnte, läßt die Schüler ihre Vermutungen äußern. Es kann sein, daß sie sich sofort auf „Auferstehung" oder „Ostern" festlegen (das ist etwa dann wahrscheinlich, wenn sie R. P. Litzenburgers „Ostersonne" kennen). Möglich sind aber auch, je nach Wissen und Bewußtsein der Schüler, andere Nennungen wie „Schöpfung", „Pfingsten" ...

Das Klassengespräch zielt in seinem weiteren Verlauf nun keineswegs darauf ab, die Deutungsversion „Auferstehung" als verbürgte und einzig zutreffende von den anderen Versionen abzugrenzen. Solange Manessiers ungegenständliches Bild ohne Kenntnis des Titels, d. h. uneingeschränkt betrachtet wird, ist es nicht nur im vorläufigen, sondern gerade auch im religiösen Verständnishorizont mehrdeutig und daher sein Sinn auf verschiedene Weise konkretisierbar. Freilich müssen die verschiedenen Benennungen oder Konkretionen, wenn sie denn wirklich der ungegenständlichen Darstellung entsprechen, etwas Gemeinsames ansprechen. Dieses Gemeinsame ist das Wesentliche, das im Bild „Gestaltzeichen" geworden ist. Indem im Klassengespräch dem Gemeinsamen in den verschiedenen Benennungen nachgefragt wird, bildet sich als die grundlegende religiöse Sinnaussage des Bildes heraus:

Die glühende, in sich kreisende Zentralsonne, die alles um sich in ihren Wirbel zieht und hell macht, zeigt für ein christliches Verständnis ein Geschehen von Gott her, durch welches das Gestaltlose (Chaos) Gestalt gewinnt, die „Finsternis der Herzen" zur Klarheit der Seele wird, die „Verhärtung" der Menschen zu Aufbruch und Umkehr sich wandelt. Kurz, es ist das Geschehen ausgedrückt, das Totes (= das beeinträchtigte Leben) zu Leben erweckt.

Nachdem der wesentliche Sinngehalt des bislang titellosen Bildes erarbeitet worden ist, informiert der Lehrer jetzt noch kurz über den Künstler und den Bildtitel:

Alfred Manessier, 1911 in Paris geboren, wird gemeinhin zu den „Abstrakten" unter den zeitgenössischen französischen Malern gezählt. Seine nicht sehr zahlreichen Bilder stellen vor allem religiöse Themen dar. Manessier hat seine Kunst auch in den

Dienst der Kirchenarchitektur gestellt; u. a. schuf er Glasfenster für Kirchen in Hem bei Roubaux, Arles und Basel.

Das Bild „Auferstehung" stammt aus einem Zyklus von Farblithographien, der 1949 unter dem Titel „Ostern" in Paris erschienen ist.

Mit der Kurzinformation zu Künstler und Bildtitel ist die Eröffnungsphase beendet. Von der Bildbetrachtung/-deutung kann organisch zur Analyse von Ezechiels Auferweckungs-Vision **(Phase 2)** übergegangen werden. Die Verknüpfung geschieht, indem der Lehrer deutlich macht, daß das in das Bild gefaßte „Geschehen göttlicher Gestaltung und Erweckung des Toten" der Zielpunkt israelitischer Zukunftshoffnung war, und indem er weiter bemerkt, daß Ezechiel die erwartete zukünftige „Großtat" Gottes im Sprachbild von der Belebung des Totengebeins anschaulich vergegenwärtigt.

Zunächst wird der Text Ez 37,1–14, der allen vorliegen soll (Klassensatz Bibeln!), laut vorgelesen. Sodann erarbeiten die Schüler in Einzelarbeit die historische Bedeutung von Ezechiels Auferweckungs-Vision. Sie erhalten hierzu ein Arbeitsblatt, das eine Kurzinformation zur Biographie Ezechiels sowie der geschichtlichen Situation Israels und außerdem eine schematische Aufgliederung der Vision in einzelne Bildelemente enthält (Kopiervorlage s. Stundenblatt). Die Schüler sollen ihre Auslegung der Bildelemente nur in Stichworten formulieren. Die folgende ausführliche Darstellung ist als Information für den Lehrer gedacht:

Talebene, voll von Totengebein: Die Talebene ist Babylonien, die Totengebeine sind die deportierten Israeliten. Das „Totsein" bezieht sich weniger auf die materielle Lage der Exulanten, die für die meisten verhältnismäßig erträglich war. Schmerzlicher wurde von ihnen empfunden, von ihrer Heimat und damit zugleich von ihrer Religion losgerissen zu sein; Religion und Heimat waren für den Orientalen unzertrennlich verbunden.

Rauschen: die Gebeine rücken zusammen: Die prophetische Verkündigung von Jahwes Wort erweckt die Hoffnung auf eine materielle und religiös-geistige Restitution. Die gemeinsame Hoffnung schließt die Exulanten zusammen.

Körperbildung an den Skeletten: Die Rückkehr in die Heimat Israel schafft die Rahmenbedingungen für die geistig-religiöse Erneuerung.

Geist (ruach) kommt in die toten Körper und macht sie lebendig: Das Volk Israel ist wieder vom Geist Gottes erfüllt und belebt. Es lebt nach Jahwes Willen und bekennt sich zu der Glaubenstradition, daß Jahwe der „Ich bin für euch da" ist.

Die Ergebnissicherung erfolgt dadurch, daß Schüler ihre Lösungen vortragen und diese Lösungen im Klassengespräch ergänzt oder verbessert werden.

Phase 3: Man würde Ezechiels großartiger Vision nicht gerecht, wenn man sie nur in ihrer historischen Intention und nicht auch in ihrer fortwährenden Bedeutung aufschlösse. Zu Ende der Stunde wird daher über die Aussagekraft und existentielle Relevanz der Vision im aktuellen Bezugsrahmen nachgedacht. Der Impuls für das Klassengespräch geht von der Frage aus, ob wir heutige Menschen uns nicht auch, den israelitischen Exulanten ähnlich, als „lebendige Tote" erfahren, die in diesem oder jenem Tal des Todes „verdorren". Nach der Situationsbeschreibung wirft der Lehrer die gewiß schwierige Frage auf, was es denn für unsere Gegenwart heißen könnte, von Gottes Geist belebt zu werden, um der „Zone des Todes" zu entkommen. Inwieweit das Gespräch zu dieser Frage fruchtbar wird, hängt von verschiedenen Faktoren ab, z. B. davon, ob die Schüler zu einer offenen Äußerung bereit sind, dann aber auch von ihrem religiösen Wissen und ihrer Glaubensüberzeugung. Keinesfalls kann es darum gehen, eine klar präzisierte oder gar definitive Antwort zu finden. Es ist schon viel, wenn die Schüler sich in Gedankensplittern und -fragmenten mit der Vision geist-bestimmten Menschseins auseinandersetzen. Um dem utopischen Ausblick nicht gleich wieder die Wirkkraft zu nehmen, werden die einzelnen Beiträge der Schüler nicht diskutiert, schon gar nicht im Horizont eines sogenannten Realismus.

Gottesglaube im Horizont von Jesu Leben und Wirken

7. Stunde:
Vorläufige Verständigung über Jesu Leben und Wirken;
Organisation des für die NT-Sequenz vorgesehenen Gruppenunterrichts

A. Methodisch-didaktische Vorbemerkungen

Es soll der gesamte Lerninhalt der NT-Sequenz („Gottesglaube im Horizont von Jesu Leben und Wirken") im Gruppenunterricht vermittelt werden. Da Gruppenunterricht im Schulalltag noch immer die Ausnahme ist und in der Länge von 8 Stunden wohl fast gar nicht vorkommt, sind einige grundsätzliche Bemerkungen zu dieser Methode nötig.

Der Gruppenunterricht ist wie die Einzelarbeit und die Partnerarbeit eine methodische Maßnahme zur inneren Differenzierung des Unterrichts. Gegenüber dem herkömmlichen Klassenunterricht haben die drei Sozialformen des differenzierenden Unterrichts den Vorteil, den Schülern selbständiges und selbsttätiges Lernen zu ermöglichen. Während aber die Einzelarbeit überhaupt kein und die Partnerarbeit bloß ein auf das Zwiegespräch beschränktes Erfahrungsfeld für soziales Lernen bietet, kann die Komplexität und Dynamik der Interaktionen in einer Gruppe in vielfacher Weise soziale Lernprozesse in Gang setzen. Im günstigen Fall werden etwa soziale Verhaltensregeln eingeübt, Kooperationsfähigkeit und -bereitschaft gefördert oder Verantwortungsgefühl, Rücksichtnahme und Hilfsbereitschaft gegenüber Schwächeren entwickelt (vgl.

K. Aschersleben, Unterrichtsmethodik, 142). Unter religionspädagogischem Blickpunkt führt eben diese Effektivität im Bereich des „Soziallernens" zu der Forderung, die Methode des Gruppenunterrichts möglichst oft anzuwenden. Die Forderung braucht nicht eingeschränkt zu werden, wenn die Effektivität des Gruppenunterrichts vom „Sachlernen" her beurteilt wird. Wie die empirische Forschung zeigt, werden kognitive Lernziele durch Gruppenunterricht besser als durch Frontalunterricht und ähnlich gut wie in der Partner- und Einzelarbeit erreicht – vorausgesetzt natürlich, der Gruppenunterricht wird angemessen durchgeführt.

Zu fragen ist hier freilich: Was heißt „Gruppenunterricht angemessen durchführen"? Es seien verschiedene Punkte genannt, von denen das Gelingen des Gruppenunterrichts entscheidend abhängt. Wichtig ist zuerst einmal die **Motivierung** der Schüler. Da der Gruppenunterricht **als Sozialform** bei den Schülern allgemein sehr beliebt ist, muß nicht für die Methode selbst, sondern für den Inhalt, das Thema des Gruppenunterrichts und näherhin der Gruppenarbeit Interesse geweckt werden. Die Sachmotivation kann vermittelt werden mit Hilfe eines provozierenden Statements, eines anregenden Textes oder eines ansprechenden Bildes . . . Die **Organisation** des Gruppenunterrichts, die auf die Motivierungsphase folgt, ist nicht weniger entscheidend für sein Gelingen. Erforderlich ist in jedem Fall, das Thema bzw. die Themen der Gruppenarbeit zu umreißen, den Zeitrahmen genau abzustecken, die Arbeitsaufträge präzise zu formulieren, abzuklären, wie die Ergebnisse der Gruppenarbeit vorgetragen werden, die notwendigen Materialien und Medien bereitzustellen und – nach einem bestimmten Kriterium Gruppen zu bilden. Gerade der letzte Schritt ist in seiner Bedeutung nicht zu unterschätzen. Es mag gelegentlich pädagogisch sinnvoll sein, Gruppen nach dem Zufallsprinzip zu bilden. In der Regel wird man aber die Gruppen (bei arbeitsgleicher Gruppenarbeit) nach Sympathie oder (bei arbeitsteiliger Gruppenarbeit) nach Sachinteresse bilden lassen, weil von so gebildeten Gruppen am ehesten effektive Arbeit zu erwarten ist.

Sachmotivation und Organisation machen den ersten Hauptschritt des Gruppenunterrichts aus. Sie bereiten den zweiten Hauptschritt, die **eigentliche Gruppenarbeit**, vor. Wenn der erste Hauptschritt im oben skizzierten Sinne durchgeführt worden ist, sind zwar die Voraussetzungen für eine effektive Gruppenarbeit geschaffen, aber die Effektivität ist nicht schon garantiert. Obwohl im zweiten Hauptschritt das meiste von den Gruppen selbst abhängt – sie sollen ja eigenständig arbeiten –, hat der Lehrer durch die Betreuung der Gruppen doch auch das Seinige für den erfolgreichen Verlauf dieser Phase beizutragen. Als Betreuer der Gruppen hat der Lehrer die Aufgabe, bei Sachproblemen zu helfen, Arbeitsmittel, soweit sie nicht schon vorhanden sind, zu beschaffen, Konflikte zu lösen, auf die Einhaltung des Zeitplans zu achten und im Hinblick auf die Präsentation der Gruppenergebnisse zu beraten.

Der dritte und letzte Hauptschritt des Gruppenunterrichts, die **Auswertung der Gruppenarbeit**, gliedert sich in zwei Teilschritte, das **Vorstellen und Sichern der Arbeitsergebnisse** einerseits und das **Besprechen der Arbeitsergebnisse** andererseits. Das Vorstellen und Sichern der Arbeitsergebnisse kann bei aufgabengleicher Gruppenarbeit einfach so vor sich gehen, daß die Gruppen nacheinander berichten

und der Inhalt des Vorgetragenen an der Tafel in Stichworten festgehalten wird. Nach dem ersten Gruppenbericht werden die anderen Gruppen aufgefordert, aus ihren Ergebnissen nur noch Ergänzungen oder Abweichungen zu nennen. Haben alle Gruppen berichtet, tragen die Schüler das Ergebnisprotokoll von der Tafel in ihr Heft ein. Bei aufgabenteiliger Gruppenarbeit muß die Präsentation und das Sichern der Ergebnisse anders gestaltet werden. Da jede Gruppe ihre Ergebnisse **komplett** vorzutragen hat, ist darauf zu achten, daß sich keine Monotonie einstellt, sondern verschiedene Formen der Ergebnispräsentation für Abwechslung sorgen. Die vorgestellten Ergebnisse wie bei der aufgabengleichen Gruppenarbeit an der Tafel stichwortartig festzuhalten, ist wegen der Quantität nicht möglich. Bewährt hat sich das Verfahren, daß jede Gruppe ihre Ergebnisse schriftlich auf Matrize zusammenfaßt und die Zusammenfassungen für die ganze Klasse vervielfältigt werden.

Wie intensiv und ausführlich die Arbeitsergebnisse besprochen oder diskutiert werden (müssen), wird von verschiedenen Faktoren bestimmt, insbesondere vom Thema bzw. den Themen der Gruppenarbeit und von der Qualität der Ergebnisse. War die Gruppenarbeit aufgabengleich, so erfolgt die Besprechung, nachdem alle Gruppen berichtet haben. War die Gruppenarbeit aufgabenteilig, kann an jeden Gruppenbericht eine Besprechung angeschlossen werden; meist ist es freilich besser, erst am Ende eine „große" Besprechung zu machen, weil hierbei die Teilergebnisse aufeinander bezogen und zu einem Gesamtbild verknüpft werden können.

B. Ziele dieser Stunde

- Die Schüler sollen (mit Hilfe des Lehrers) P. Handkes „Beschreibung" des Lebens Jesu nach Form und Inhalt analysieren und die Aussageintention dieser „Beschreibung" erkennen.
- Durch die Beschäftigung mit Handkes Text sollen die Schüler zur differenzierten Erarbeitung des „Gottesglaubens im Horizont von Jesu Leben und Wirken" motiviert werden.
- Der für die folgenden 7 Stunden vorgesehene Gruppenunterricht muß so organisiert werden, daß die Schüler zu Beginn der nächsten (8.) Stunde die selbständige Arbeit in den Gruppen aufnehmen können.

C. Stundenverlauf

Phase 1: Der Lehrer verweist darauf, daß diese Stunde und die folgenden sieben Stunden dem Thema „Gottesglaube im Horizont von Jesu Leben und Wirken" gewidmet sind, und läßt sofort, ohne noch eigens eine Einführung zu geben, P. Handkes „Lebensbeschreibung" (Mat. 8) aufschlagen. Der Text ist je nach Glaubenshaltung des Lesers ansprechend bis herausfordernd, in jedem Fall also anregend, da hier dem Leben Jesu ironisch-respektlos und scheinbar objektiv der Charakter des Alltäglich-Gewöhnlichen gegeben wird.

Ein Schüler liest die „Lebensbeschreibung" laut vor. Das Klassengespräch, das anschließend über den Text geführt wird, ist zweiteilig. Im ersten Teil äußern sich die Schüler spontan zu den Eindrücken, die sie beim Lesen des Textes gewonnen haben. Üblicherweise wird der Lehrer nach der Textlektüre die Schüler auffordern müssen, ihre ersten Eindrücke zu artikulieren; wenn allerdings in einer Klasse die Methode des spontanen Sich-Äußerns immer wieder geübt wird, melden sich die Schüler von selbst zu Wort. Im zweiten Teil des Gesprächs lenkt der Lehrer sehr stark. Wichtig ist hierbei, daß seine Fragen, die das Gespräch strukturieren, einerseits bei den spontanen Text-Eindrükken anknüpfen und andererseits auf die Aussageabsicht und den Sinn des Textes hinzielen. Beides zu vereinbaren, sollte mühelos möglich sein, weil die spontanen Eindrücke in aller Regel gerade auf die Punkte hinweisen, die für eine Text- (oder Bild-)Interpretation näher untersucht und bedacht werden müssen.

Phase 2: Durch die Auseinandersetzung mit Handkes „Lebensbeschreibung" ist in Frage gestellt, wie Jesu Leben und Wirken zu beurteilen sind, und überhaupt ist die Frage aufgeworfen: „Wer war dieser?" Die Situation offener Fragen motiviert dazu, in der näheren Beschäftigung mit Jesus Antworten zu suchen. Daß die Blickrichtung dem Thema der Unterrichtseinheit entsprechend auf Jesu Gottesbotschaft und die durch ihn vermittelten Gotteserfahrungen konzentriert wird, geht nicht an den offenen Fragen vorbei; vielmehr ist eine „Beurteilung" Jesu nur von diesem Aspekt her angemessen möglich.

Die Organisation des Gruppenunterrichts, die nunmehr zu erfolgen hat, führt der Lehrer in mehreren Teilschritten durch. Zuerst muß er natürlich bekanntgeben, daß der „Gottesglaube im Kontext von Jesu Leben und Botschaft" durch aufgabenteilige Gruppenarbeit erarbeitet werden soll. Vielleicht sollte der Lehrer noch kurz begründen, warum er die Methode des Gruppenunterrichts gewählt hat. Anschließend stellt er die vier Themen vor, die er für die aufgabenteilige Gruppenarbeit vorgesehen hat (s. Stundenblatt, Aufgabenblätter 1–4), und informiert über den zeitlichen Rahmen (3 Stunden Gruppenarbeit, 2½ Stunden Vorstellung der Arbeitsergebnisse, 1½ Stunden Besprechung/Diskussion der Ergebnisse). Die Einteilung der vier Gruppen macht den nächsten Teilschritt aus. Es wäre möglich, die Gruppen nach dem Kriterium der Sympathie bilden zu lassen (wer möchte mit wem zusammen in einer Gruppe sein?). Bei aufgabenteiliger Gruppenarbeit bietet sich aber an, daß die Gruppenbildung vom Sachinteresse her entschieden wird (wer möchte welches Thema bearbeiten?). Im einen wie im anderen Fall ist freilich nicht auszuschließen, daß die Verteilung quantitativ sehr ungleich ausfällt; dann muß der Lehrer, ohne die Schüler zu nötigen, auszugleichen versuchen. Nach der Gruppenbildung werden die Blätter mit den Arbeitsaufgaben und den Literaturangaben ausgeteilt (Kopiervorlagen s. Stundenblatt).

In einem letzten Teilschritt gibt der Lehrer Hinweise zur Arbeitsweise der Gruppen und zur Präsentation der Ergebnisse. Die Schüler müssen die Literatur für ihr Thema (Mat. 9–12) zu Hause bis zur nächsten Stunde lesen, weil sonst die geplante Arbeitszeit von 3 Stunden nicht ausreichte. Zu raten ist ihnen, die Texte bereits mit Blick auf die Aufgaben zu lesen und sich bei der Lektüre in Stichworten Notizen zu machen. Bezüglich der eigentlichen Gruppenarbeit ist der Hinweis wichtig, daß die Gruppen, bevor sie mit der inhaltlichen Klärung ihres Themas beginnen, intern kurz das Vorgehen planen sollten. So ist etwa in der Gruppe festzulegen, wie die Ergebnisse, die nach und nach zu den Aufgaben erarbeitet werden, festgehalten werden sollen (Möglichkeit: Protokoll, das abwechselnd geführt wird). **Generell** ist bei der internen Planung der Gruppen auch zu überlegen, ob die Arbeit aufgeteilt werden kann. Für **diesen** Gruppenunterricht sollte der Lehrer aber davon abra-

ten, da durch die weitere Teilung des bereits in Teilthemen aufgeteilten Themas der Lerninhalt zu fragmentarisch würde. Damit die Präsentation der Gruppenergebnisse sich nicht monoton auf den reinen Vortrag beschränkt, skizziert der Lehrer als Impuls das Spektrum möglicher Gestaltungselemente (Rollenspiel, Wandzeitung, Tonband-Feature, Collage, Bild, Folie ...). Außerdem legt er im Interesse einer soliden Wissensvermittlung fest, daß jede Gruppe ihre Ergebnisse schriftlich auf Matrize zusammenfaßt und die Zusammenfassung für die ganze Klasse vervielfältigt wird.

8.–10. Stunde:
Arbeitsteilige Gruppenarbeit zu „Gottesglaube im Horizont von Jesu Leben und Wirken"

A. Methodisch-didaktische Vorbemerkungen

Die arbeitsteilige Gruppenarbeit gliedert sich in zwei Hauptphasen, in die Erarbeitung der Themen-Inhalte und in die Vorbereitung der Ergebnispräsentation. Die Erarbeitung der Themen (anhand der Aufgabenblätter) muß spätestens mit der 9. Stunde abgeschlossen sein, damit genügend Zeit für die Vorbereitung des Gruppenvortrags übrigbleibt.

Die Aufgabenblätter, die die Gruppen in der 7. Stunde erhalten haben, geben für die Erarbeitung der Themen die Untersuchungsgebiete und inhaltlichen Schwerpunkte vor. Innerhalb dieses Rahmens sollen die Gruppen aber so selbständig wie möglich arbeiten. Die Betreuung des Lehrers unterliegt daher dem Grundsatz, den Gruppen auf deren Wunsch als Berater, Materialbeschaffer, Schlichter ... zur

Verfügung zu stehen und selbsttätig nur dann in den Gruppenprozeß einzugreifen, wenn er augenscheinlich (von der Sache oder der Interaktion her) „schiefläuft". Auch für die Vorbereitung der Ergebnispräsentation ist das Ziel gesetzt, daß die Gruppen möglichst selbständig arbeiten. Weil aber die Präsentation der Ergebnisse vielgestaltig und abwechslungsreich ausfallen soll, bedarf es während dieser zweiten Hauptphase doch einer stärkeren Unterstützung durch den Lehrer. Der sollte freilich darauf achten, daß er nur Anregungen und keine Maßgaben für Gestaltungselemente gibt und es den Gruppen überläßt, ob und inwieweit sie seine Impulse aufgreifen und verwirklichen.

Die erarbeiteten Inhalte noch schriftlich zusammenzufassen, was im Interesse der Ergebnissicherung die Aufgabe jeder Gruppe ist, dazu wird die Zeit nicht mehr ausreichen. Um ein Treffen außerhalb des Unterrichts zu vermeiden, können sich die Gruppenmitglieder die Arbeit so aufteilen, daß jeder für sich zu Hause seinen Part fertigstellt (oder aber es erklären sich zwei Schüler pro Gruppe bereit, die Zusammenfassung zu übernehmen).

B. Ziele dieser Stunden

Kognitive Ziele:
Die Gruppen sollen
– ihre Themen entsprechend der Aufgabenstellung erarbeiten;
– den Vortrag der Ergebnisse methodisch und inhaltlich planen/vorbereiten.
Affektive/soziale Ziele:
Durch die Gruppenarbeit können/sollen
– soziale Verhaltensregeln eingeübt,
– Kooperationsfähigkeit und -bereitschaft gefördert,
– Verantwortungsgefühl, Rücksichtnahme und Hilfsbereitschaft gegenüber Schwächeren entwickelt werden.

C. Stundenverlauf

Phase 1: Die Gruppen klären kurz ab, wie sie bei der inhaltlichen Arbeit vorgehen wollen. Da durch die Aufgabenblätter die Untersuchungsfelder und die thematischen Schwerpunkte fixiert sind, genügt es, Formalia zu entscheiden. Hierbei ist vor allem wichtig, daß ein Modus gefunden wird, um die Resultate, die sich im Verlauf der Gruppenarbeit ergeben, zu sammeln und festzuhalten (mögliche Lösung: abwechselnd geführtes Protokoll). Die Erarbeitung der Themen vollzieht sich hauptsächlich im Gruppengespräch; dieses wird gelegentlich unterbrochen von kurzen Phasen der Informationsaufnahme, in denen die Schüler Textstellen nochmals lesen oder den Lehrer befragen. Am besten werden sich die Gruppen die Aufgaben in der Reihenfolge vornehmen, wie sie auf dem Aufgabenblatt vorgegeben ist. Die einzelnen Arbeitsschritte, die die Gruppen bei Behandlung jeder Aufgabe durchgehen, können idealtypisch so beschrieben werden:

a) Klärung der Aufgabe (Was ist gemeint, worauf ist abgezielt?);
b) Bearbeitung der Aufgabe mit Hilfe des Textmaterials (Erheben wichtiger Textaussagen; Reformulieren; Verknüpfen einzelner Gesichtspunkte zu Hauptaussagen);
c) Reflexion auf das erarbeitete Ergebnis (Ist für uns das Ergebnis in allen Teilen nachvollziehbar/einsichtig? Ergibt sich eine stimmige Gesamtaussage?);
d) ggf. Verbesserungen/Änderungen am Ergebnis.

Phase 2: Sobald eine Gruppe alle Arbeitsfragen beantwortet und damit ihr Thema erarbeitet hat, beginnt sie mit der Vorbereitung der Ergebnispräsentation. Da jeder Gruppe für ihren Vortrag ca. 25–30 Minuten zur Verfügung stehen, kann es nicht das Ziel sein, die Ergebnisse möglichst umfassend und in allen Einzelheiten vorzustellen. Vielmehr wird es darauf ankommen, Hauptpunkte anzusprechen und das Thema schlaglichtartig zu erhellen. Methodisch gelingt das durch konzentrierten Bericht und durch Schemata oder Übersichten auf Folie bzw. Plakaten, dann aber auch durch spezielle Gestaltungselemente wie Kurzszene, Tonbandfeature, Comics, Bild... Überhaupt ist es wünschenswert, daß jede Gruppe in ihre Ergebnispräsentation ein besonderes Gestaltungselement einbezieht. Wenn außer dem Intellekt auch die Sinne angesprochen werden, wird auf seiten der „Rezipienten" das Interesse an der Sache und damit die Konzentration gefördert.

Der Lehrer muß für die Vorbereitung der Ergebnispräsentation (die bei einzelnen Gruppen vielleicht schon Mitte der 9. Stunde beginnt) alle die Materialien und Medien bereithalten, von denen er annimmt, daß sie Verwendung finden (DIN-A 2-Papier, Filzstifte, Dias und Diaprojektor, Folie für Overheadprojektor, Folienstifte, Kassettenrecorder, Tonbandkassette, Klebeband, Reißnägel, Scheren). In der Gruppenbetreuung sollte er sich nicht scheuen, Anregungen für die Gestaltung der Ergebnispräsentation zu geben. Selbst das konkrete Vorschlagen einzelner Gestaltungselemente ist vertretbar, wenn es partnerschaftlich, d. h. so geschieht, daß sich die Gruppe dafür oder dagegen entscheiden kann.

Wenn eine Gruppe für ihre Ergebnisvorstellung ein vergleichsweise aufwendiges Gestaltungselement wie z. B. das Tonbandfeature wählt, ist es durchaus möglich, daß ihr die Zeit im Unterricht zur Vorbereitung nicht ausreicht. Die Gruppe muß dann bereit sein, sich auch außerhalb des Unterrichts zu treffen.

11.–14. Stunde:
Auswertung der Gruppenarbeit zu „Gottesglaube im Horizont von Jesu Leben und Wirken"

A. Methodisch-didaktische Vorbemerkungen

Die Auswertung von Arbeitsaufträgen ist generell in zwei Schritten zu vollziehen; im ersten Schritt werden die Ergebnisse „eingeholt" und gesammelt, im zweiten Schritt werden die Ergebnisse besprochen, korrigiert bzw. modifiziert und (kritisch) reflektiert. Entsprechend zweiphasig verläuft auch die Auswertung der Gruppenarbeit dieser NT-Sequenz. Da die Gruppenarbeit aufgabenteilig war, ist allerdings zu überlegen, ob die Ergebnisse zu jedem einzelnen Gruppen-Thema sofort in den zwei Schritten (Vortragen und Besprechen) ausgewertet werden oder ob alle Arbeitsergebnisse nacheinander vorgestellt und dann zusammen reflektiert werden. Für beide Varianten gibt es Argumente. Wenn hier der „großen" Schlußbesprechung am Ende der Vorzug gegeben wird, so geschieht das in der Erwartung, daß die Betrachtung aller Teilergebnisse in **einem** zusammenhängenden Gespräch den durch die Spezialisierung bedingten eingeschränkten Blick zum Überblick des ganzen Themas weitet. Damit die Fragen, die sich den Schülern beim Vorstellen der Gruppenergebnisse stellen, bis zur Schlußbesprechung nicht vergessen werden, fordert der Lehrer sie zu Beginn der Präsentation auf, sich ggf. in Stichworten Notizen zu machen.

B. Ziele der Stunden

– Durch das Vorstellen der Gruppenarbeitsergebnisse erfassen die Schüler die vier Themen der NT-Sequenz „Gottesglaube im Horizont von Jesu Leben und Wirken" in den Hauptpunkten.

- Nach der Präsentation aller Ergebnisse beantworten die Gruppen (ggf. mit Hilfe des Lehrers) Fragen zu ihren Themen.
- In einer abschließenden Reflexion versuchen die Schüler Grunderfahrungen des Glaubens zu bestimmen, die im Kontext von Jesu Leben und Wirken gemacht worden sind.

C. Stundenverlauf

Phase 1 (= 11. – Mitte 13. Stunde): Die Gruppen 1–4 stellen nacheinander jeweils 25–30 Minuten lang Ergebnisse aus ihrer Arbeit vor. Bei der Vorstellung muß auf die Hauptpunkte des erarbeiteten Themas abgezielt werden. Die detailliertere Information erhält die Klasse durch die „Zusammenfassung der Ergebnisse", die jede Gruppe schriftlich anzufertigen und für die Mitschüler zu vervielfältigen hat (s. Stundenblatt). Diese Zusammenfassung wird zu Ende der 14. Stunde ausgeteilt.

Bevor die Ergebnispräsentation beginnt, weist der Lehrer darauf hin, daß die Fragen, die sich bei den Gruppenvorträgen ergeben, insgesamt in einem abschließenden Plenumsgespräch behandelt werden. Er fordert die Schüler auf, sich bei den Vorträgen für ihre Erinnerung entsprechende Notizen zu machen.

Die folgenden Vorschläge zur Gestaltung der Gruppenvorträge sind Möglichkeiten, die dem Lehrer – und durch seine Vermittlung den Schülern – nicht zur Nachahmung, sondern zur Anregung dienen sollen.

Vortrag 1: Der zeitgeschichtliche Kontext von Jesu Reden und Handeln
Ein Gruppensprecher stellt anhand einer Übersicht auf Folie (→ Overheadprojektor) oder auf DIN A2-Papier die politischen und sozialen Verhältnisse in Palästina z.Zt. Jesu dar (zum Inhalt vgl. Stundenblatt, „Zusammenfassung der Ergebnisse").

Über die jüdische Religion der Zeit Jesu führt der Gruppensprecher grundsätzlich aus, daß sie auf den zwei „Pfeilern" des Tempelkults und der Gesetzesfrömmigkeit ruhte. Sodann übernimmt er die Rolle des Moderators für die Beiträge von vier anderen aus der Gruppe. Deren Beiträge bestehen darin, daß sie sich als Angehörige der jüdischen „Religionsparteien" ausgeben und entsprechend porträtieren: „Ich heiße Gideon und gehöre zur Gruppe der Sadduzäer..." (zum Inhalt vgl. die „Zusammenfassung der Ergebnisse" im Stundenblatt).

Vortrag 2: Die Mitte des Redens Jesu: Verkündigung der Gottesherrschaft und Aufruf zur Umkehr
Zu Anfang wird ein etwa 10minütiges Tonbandfeature vorgespielt, das die Gruppe vorbereitet hat. Das Feature enthält: einschlägige Zitate aus der Reich-Gottes-Predigt Jesu (einzelne Sätze wie z.B. Mt 21,31, aber auch ein ganzes Gleichnis wie z.B. Mk 4,3–9), den dramatisch aufbereiteten Dialog zwischen den Johannes-Jüngern und Jesus (Lk 7,18–23), Reaktionen verschiedener jüdischer Gruppen/Schichten auf Jesu Verkündigung der Gottesherrschaft sowie diese Teile verbindende und kommentierende Texte.

Anschließend referiert die Gruppe arbeitsteilig in einem Vortrag über die wesentlichen Gesichtspunkte ihres Themas. Den Zuhörern wird es das Verstehen erleichtern, wenn die Gliederung des Vortrags an der Tafel angeschrieben wird (zum Inhalt des Vortrags vgl. die „Zusammenfassung der Ergebnisse" im Stundenblatt).

Vortrag 3: Die Mitte des Handelns Jesu: Zuwendung zu den Armen

Die Gruppe stellt in einem Rollenspiel exemplarisch dar, wie Jesus sich mit einem zutiefst verachteten Menschen solidarisiert, wie seine Solidarisierung auf Unverständnis und Kritik stößt und wie er sein Verhalten „legitimiert". Als Vorlage für die Szene bietet sich an: Mt 9,9–13 (Berufung des Zöllners Matthäus) oder Lk 19,1–10 (Der Zöllner Zachäus). Alternativ zum Rollenspiel ist auch denkbar, daß die Szene auf einer Wandzeitung in der Art von Comics dargestellt wird. Ein Gruppensprecher hätte dann die Aufgabe, die Comics zu kommentieren.

Nach dem Rollenspiel (bzw. nach dem Betrachten und Kommentieren der Wandzeitung) referieren Vertreter der Gruppe kurz zu den drei Aspekten, die in den Arbeitsfragen (vgl. Aufgabenblatt 3 im Stundenblatt) angesprochen sind:
– Wer sind die „Armen"?
– Warum ist es skandalös, daß Jesus sich mit den „Armen" solidarisiert?
– Wie rechtfertigt Jesus sein Verhalten?

Vortrag 4: Jesu Tod und Auferstehung

Die Gruppe oder ein Gruppensprecher referiert über den Prozeß Jesu und über die Wirkung, die Jesu Hinrichtung am Schandpfahl auf seine Anhänger und seine Gegner haben mußte. In diesem Zusammenhang sollte der Abscheu des antiken Menschen vor der „mors turpissima crucis" deutlich erläutert werden, da sonst die Aussagen zur Wirkung von Jesu Kreuzigung nicht recht nachvollziehbar sind.

Das Referat über den schändlichen Tod Jesu führt von selbst zu der Frage, warum die Jünger trotz dem Karfreitag, der mit dem katastrophalen Ende ihres „Meisters" für sie eine totale Sinn-Krise brachte, Jesu Sache weiterführten, ja mehr noch Jesus selbst (als Heil der Menschen) zu verkündigen begannen. Die Antwort weist klar in eine Richtung: die Jünger überwanden die Krise des Karfreitags durch eine radikal neue Erfahrung Jesu, durch Begegnungen mit dem zum Leben erweckten Gekreuzigten.

Die Probleme, die sich freilich mit dem Osterereignis und dem korrespondierenden Osterbekenntnis verbinden, werden von der Gruppe dann am Beispiel eines traditionellen Auferstehungsbildes, Grünewalds „Die Auferstehung Christi" (Isenheimer Altar), thematisiert. Das Bild sollte möglichst als Dia gezeigt werden; die Schwarzweiß-Reproduktion im Materialienband (Mat. 13) ist nur für den Fall gedacht, daß weder von diesem noch von einem anderen traditionellen Auferstehungsgemälde ein Dia zur Verfügung steht.

Grünewalds „Die Auferstehung Christi" ist in allen Dimensionen der Darstellung, in der geometrischen Anordnung, in der Körpersprache, in der Farbgebung, durch Kontrast bestimmt. Der Gegensatz von horizontaler und vertikaler Struktur, von schwerer Körperlichkeit (Grabstein, Steingrab, zu Boden geworfene Wächter) und schwebendem Leib, von Dunkel und Hell läßt die Leiblichkeit des Auferstandenen von allen Bedingungen des Irdischen entbunden erscheinen. Gleichwohl suggeriert die bei aller Transzendenz doch materiellphysische Objektivität des Auferstandenen, die Auferstehung sei ein visuelles Ereignis gewesen und der Auferstandene sei bei den Erscheinungen den Jüngern sichtbar-sinnenfällig vors Auge getreten.

An diesem Punkt ist die Bildbetrachtung abzuschließen und im Sinne eines Ausblicks noch kurz zu umreißen, wie für das heutige Glaubensverständnis die Evidenz der Ostererfahrung expliziert werden kann (s. hierzu die „Zusammenfassung der Ergebnisse" im Stundenblatt).

Phase 2 (= Mitte 13. – 14. Stunde): Die Schüler sitzen im Kreis und bilden eine

Gesprächsrunde. Zu Anfang sammelt der Lehrer alle Schülerfragen, die sich bei den Gruppenvorträgen ergeben haben. Die Fragen braucht er nicht an der Tafel festzuhalten; es genügt, wenn er sie für sich mitschreibt. Nachdem die Fragen gesammelt sind, ist es die Aufgabe der Gruppen, diese zu beantworten. Dazu ist folgendes Vorgehen sinnvoll: Der Lehrer faßt jeweils die Fragen zu einem Thema zusammen, formuliert sie nochmals für das Plenum und gibt sie zur Beantwortung an die betroffene Gruppe weiter. Falls eine Frage über das Wissen der Gruppe hinausgeht, muß der Lehrer selbst antworten.

Damit noch genügend Zeit (wenigstens 25 Minuten) für die Reflexion auf die Gesamtthematik der NT-Sequenz bleibt, ist darauf zu achten, daß die Gruppen immer gleich zur Sache kommen und ihre Antworten so knapp wie möglich geben. Rückfragen an die Gruppen müssen natürlich zugelassen werden, doch wenn daraus ein Hin und Her von Frage und Antwort entsteht, sollte der Lehrer sich nicht scheuen, an einem bestimmten Punkt das Problem für ausreichend behandelt zu erklären.

Die Schlußreflexion verläuft in zwei Schritten – analytisch und synthetisch. Der analytische Schritt wird eingeleitet durch den Impuls an die Schüler, spontan alle die Gesichtspunkte zum Thema „Gottesglauben" zu nennen, die ihnen im Rückblick auf Jesu Leben und Wirken in den Sinn kommen. Damit sich möglichst viele Schüler äußern, muß der Lehrer betonen, daß es nur um „Gedankensplitter" und nicht schon um durchdachte Aussagen geht (zu den möglichen Ergebnissen s. Stundenblatt).

Vor dem Hintergrund der spontan genannten Gesichtspunkte führt der Lehrer dann das Gespräch auf die Synthese hin. Er stellt die Frage, ob sich von Jesu Leben und Wirken her Grunderfahrungen des Glaubens aufzeigen lassen. Es kommt nun darauf an, die vielen Einzelaspekte zu Erfahrungskomplexen zusammenzufassen. Am Ende sollen die Einzelaspekte auf drei oder vier Grunderfahrungen reduziert sein (s. Stundenblatt).

Der Lehrer muß das Gespräch in diesem Stadium zielbewußt in diese Richtung steuern, da sonst eine Synthese kaum zustande kommen dürfte.

Gottesglaube im Horizont philosophischen Denkens

15./16. Stunde:
Der ontologische Gottesbeweis
Anselms von Canterbury

A. Methodisch-didaktische Vorbemerkungen

Die Beschäftigung mit dem biblischen Gottesglauben hat diesen als ein Zeugnis vor Augen geführt, das nach seiner subjektiven Seite aus der Erfahrung von Menschen erwachsen ist und hierin seine existentielle Wahrheit hat. Zu bedenken ist freilich: Auch wenn sich die Glaubwürdigkeit des Glaubens maßgeblich in der „Erfahrung" entscheidet, kann doch der spekulativen Vernunft nicht jede Glaubens-Funktion abgestritten werden. Zwar muß spätestens seit Kant die Spekulation als Metaphysik kritisch beurteilt werden, aber noch immer steht es offen, in der philosophischen Reflexion eine Ergänzung zur Glaubensbildung durch Erfahrung zu sehen.

Die aus der „Sache" des Glaubens begründbare Intention, Schülern die philosophische Spekulation als einen möglichen Weg oder Zugang zu Gott deutlich zu machen, erhält ihre besondere Zielrichtung durch das weit verbreitete Vorurteil, Glauben und Wissen seien schlechterdings Gegensätze. Hier klärend zu wirken, kann für den in aller Regel unreflektierten Standpunkt der Schüler nur förderlich sein.

Ist allgemein einleuchtend, daß eine „philosophische Behandlung Gottes" die Schüler in ihrem Wissen über und in ihrer Einstellung zu „Glaube" weiterbringt, so muß doch konkret überlegt werden, welches Reflexionsniveau ihnen zugemutet werden darf. Es könnte die Meinung vertreten werden, daß ein einfacher, auf dem **Kausalitätsprinzip** basierender Gottesbeweis das Angemessene sei. Der Vorteil der leichten Verständlichkeit hätte aber u. U. den Nachteil zur Kehrseite, daß ein solch einfaches Argument wenig Eindruck auf die Schüler machte und ihnen sogar banal erschiene. Besser ist es deshalb, ein Argument einzusetzen, das die Schüler aufgrund seiner schwierigen Logik anfangs gar nicht verstehen, das sich aber nach seiner „Auflösung" als überaus vernünftig zeigt: Anselms „ontologischen Gottesbeweis".

B. Ziele dieser Stunden

Die Schüler sollen
– sich mit dem Problem der Beweisbarkeit Gottes im allgemeinen auseinandersetzen,
– in eigenständiger Arbeit den Argumentationsgang von Anselms ontologischem Gottesbeweis nachzuvollziehen versuchen,
– mit Hilfe des Lehrers den Argumentationsgang als eine stringente Folge von drei Schlüssen erkennen,
– sich ein vorläufiges Urteil zur Überzeugungskraft des Anselmianischen Arguments bilden,
– durch die Beschäftigung mit Anselms Argument begreifen, daß philosophisches Denken den Glauben „mit Vernunft" unterstützen kann.

C. Stundenverlauf

Phase 1: Der Lehrer stellt den Schülern die Aufgabe, sich aus dem Stegreif, ohne Unterlagen, in kleinen Gruppen (4 Personen) Gedanken zur Beweisbarkeit Gottes zu machen. Unter Umständen werden die Schüler protestieren, weil sie sich überfordert fühlen. Der Lehrer kann dem Protest mit dem Hinweis begegnen, daß die Vorläufigkeit der Gedanken gerade gewünscht ist. Die Ergebnisse der Gruppenarbeit, die nach ca. 15 Minuten beendet sein sollte, werden jeweils von einem Gruppensprecher vorgetragen. Der Lehrer notiert die Ergebnisse in Stichworten an der Tafel; er muß darauf achten, daß sie en bloc gesammelt werden und dann erst das Gespräch beginnt.

Phase 2: Der Lehrer gibt in Kürze einige Informationen zur Person und zum Werk Anselms von Canterbury. So kurz die Information zu halten ist, so darf sie doch nicht vereinfachen und Anselm nach gängigem Klischee als „Rationalisten" kennzeichnen.

Anselm, geb. 1033, gest. 1109, Erzbischof von Canterbury; einer der großen Scholastiker.
Anselm versucht, den Glauben so weit wie möglich mit der Vernunft zu durchdringen; der entsprechende Grundsatz lautet: fides quaerens intellectum. Anselm beabsichtigt freilich nicht, den Glauben in den „Intellekt" aufzuheben. Vernünftige Einsicht kann den Glauben weder ersetzen, noch bewirkt sie Glauben. In gewisser Weise ist es sogar so, daß der Glaube die Voraussetzung der vernünftigen Einsicht ist: „Ich versuche nicht einzusehen, damit ich glaube; sondern ich glaube, damit ich einsehe" (Proslogion, Vorwort).

Über die Wirkungsgeschichte des ontologischen Arguments braucht der Lehrer keine näheren Ausführungen zu machen. Es genügt, dieses Argument als den vielleicht bedeutendsten Gottesbeweis vorzustellen, der seinen Namen von Kant erhalten hat.

Nach der Lehrerinformation wird der Text des ontologischen Arguments gelesen. In einer Klasse mit guten Lateinkenntnissen kann in Betracht gezogen werden, den Text lateinisch-deutsch vorzulegen. Der Lehrer fordert die Schüler auf, sich spontan zum Argument zu äußern. Es geht hierbei um eine noch ganz unreflektierte, eher emotional bestimmte Bewertung. Gibt der erste Eindruck das „Gefühl", daß an diesem Argument „etwas dran ist" – oder nicht?

Phase 3: Die Analyse des Arguments muß zeigen, inwieweit der spontane Eindruck zutrifft. Die Schüler sollen zunächst ohne Hilfe des Lehrers versuchen, das Beweisziel zu benennen und die entscheidenden Denkschritte des Arguments nachzuvollziehen. Die Schwierigkeit des Textes legt es nahe, die Form der Partnerarbeit zu wählen.

Um die Textarbeit auszuwerten, wird ein Lösungsvorschlag an der Tafel vorgestellt. Der Lösungsvorschlag wird mit Sicherheit unvollkommen sein. Im Klassengespräch müssen daher Lücken und Fehldeutungen im Lösungsbeispiel deutlich gemacht und Verbesserungen formuliert werden.

Durch das Klassengespräch wird das Verständnis des Arguments wesentlich vorangebracht. Das volle Verständnis ergibt sich dann daraus, daß der Lehrer abschließend den Argumentationsgang als Folge von drei Schlüssen **entwickelt.** Für seine Demonstration projiziert er ein zunächst verdecktes Folienbild, das er entsprechend dem Fortgang des Vortrags Schritt um Schritt aufdeckt (Kopiervorlage s. Stundenblatt).

Phase 4: Die Frage, die nach der Textlektüre gestellt wurde, wird jetzt wieder aufgenommen. Wie überzeugend ist das Argument? Die Schüler haben jetzt freilich einen anderen Verständnishorizont, um zu antworten. Damit die Beurteilung des Anselmianischen Arguments den Kern der Sache trifft, muß das eigentliche Problem erkannt sein. Es lautet: Läßt sich von einem Begriff auf die Realität des in ihm Gedachten schließen? Da die Schüler das Problem von selbst kaum in der nötigen Schärfe und Klarheit erkennen, hat es der Lehrer zu verdeutlichen. Er kann sich hierzu auf die kritische Rezeption des Arguments beziehen:

Schon Anselms Zeitgenosse, der Mönch Gaunilo, hatte gegen den Schluß von der Idee des höchsten Wesens auf dessen Wirklichkeit eingewendet: Wenn ich mir eine vollkommene Insel denke, so folgt daraus noch nicht, daß sie existiert. Ähnlich kritisiert Kant später, daß Da-Sein kein reales Prädikat sei: Da-Sein ist keine begriffliche Bestimmung, die im Begriff eines Dinges enthalten sein könnte; es ist vielmehr bloß die „Position eines Dings". Daher enthalten hundert wirkliche Taler begrifflich nicht mehr als hundert mögliche Taler (Kritik der reinen Vernunft, B 626f.).

Es ist unerläßlich, daß das Gespräch bei der Kritik des Arguments nicht stehenbleibt, sondern daß das, was Anselm in seiner Erwiderung an Gaunilo gegenkritisch vorbrachte, der Sache nach noch reflektiert wird. Nach Anselm trifft Gaunilos Beispiel von der vollkommenen Insel sein Argument überhaupt nicht, weil der Begriff der vollkommenen Insel und der Begriff Gottes überhaupt nicht vergleichbar sind. Der Begriff Gottes ist ein einzigartiger Fall. Nur in diesem Begriff ist etwas mit der Bestimmung gedacht, das schlechthin „Größte" zu sein. Und allein diese Bestimmung zwingt das Denken in einmaliger Weise, dem Gedachten ein vom denkenden Subjekt unabhängiges Sein zuzugestehen. Andernfalls wäre das, „über dem nichts Größeres gedacht werden kann", nicht das, als was es gedacht wird. Der Nerv von Anselms Argument, das sollten die Schüler begreifen, ist sein Gottesbegriff. Einzig dieser – und kein anderer – Begriff bringt das Denken in Widerspruch mit sich selbst, wenn es das Gedachte nicht zugleich als wirklich seiend denkt.

Atheismus in urbildlich-mythologischer Betrachtung

17./18. Stunde:
Prometheus – Rebell gegen Gott
(Zeus) im Namen der Menschlichkeit

A. Methodisch-didaktische Vorbemerkungen

Wie eingangs der Teileinheit „Gottesglaube" anhand der Abrahams-Erzählung eine urtypische Erfahrung des gläubigen Menschen herausgearbeitet wurde, soll nun zu Anfang der Teileinheit „Atheismus" gegenbildlich der Prometheus-Mythos als Chiffre einer von Gott sich lossagenden Existenz erschlossen werden. Der Sinn des Verfahrens, „Gottesglaube" und „Atheismus" zuerst in ihrer existentiellen Tiefenstruktur bewußt zu machen, ist offenkundig: Die Schüler gewinnen hierdurch eine überaus verdichtete Grundvorstellung des Ganzen, die es ihnen ermöglicht, an die nachfolgend zu behandelnden Konkretionen und Einzelaspekte der beiden Themen mit dem richtigen Verständnis und der angemessenen Perspektive heranzugehen.
Es wäre natürlich völlig verfehlt, wenn man im Prometheus-Mythos einen prototypischen Atheismus im Sinne einer theoretischen Welt- und Daseinsdeutung finden wollte. Die metaphysische Realität wird ja keineswegs verneint, sondern es wird gerade die eigentümliche Gesetzlichkeit ihrer Verhältnisse vor Augen geführt:

Zeus, der Besieger der Titanen, ist der autorisierte Herr der Götter und des ganzen Kosmos, und daher wird Prometheus schuldig, wenn er den Menschen gegen den Willen des Zeus Gutes tut. Zeus hat die Macht und das Recht, Prometheus zu bestrafen, aber die Gewalt des Zeus ist nicht unbeschränkt. Er kann wohl Prometheus den entsetzlichsten leiblichen Qualen aussetzen, jedoch ihn zu töten vermag er nicht. Das verhindert die Moira, das ewige Gesetz, daß ein Gott (der Prometheus ja ist) nicht sterben kann. Die Moira ist stärker als Zeus, selbst er muß sich ihr fügen. Auch darin ist Zeus der Moira unterworfen, daß er Prometheus' Tat für die Menschen nicht mehr rückgängig machen kann. Die Befähigung der Menschen zu Kultur und Technik ist zu einem unaufhebbaren Faktor in der Weltordnung geworden (vgl. K. Jaspers, Der philosophische Glaube, 458).

Der urbildliche Aufschluß über den Atheismus, der sich am Prometheus-Mythos gewinnen läßt, ist nicht theoretischer, sondern praktisch-ethischer Art. Der Blick muß gerichtet werden auf die Grundhaltung des Prometheus, auf das Motiv und das Ziel seines Handelns.

Prometheus' Trotz, seine Auflehnung gegen Zeus entspringt nicht frechem Übermut, sondern seiner Liebe zu den Menschen. Er liebt die Menschen, weil er bei all ihrem Elend die Möglichkeit dessen erkennt, was sie werden können (vgl. K. Jaspers, a.a.O., 455). Entsprechend ist das Ziel seines Handelns, die Menschen zu befähigen, ihre Möglichkeit zu verwirklichen. Er will ihnen Hilfe zur Selbsthilfe geben, Feuer und Techne, damit sie auf diesem Grund sich selbst entfalten und werden, was sie sein können. In dieser Absicht muß Prometheus notwendig mit Zeus kollidieren. Zeus' Weltordnung beschränkt die Menschen in jeder Hinsicht und hält sie in armseligen Verhältnissen; eine Entwicklung der Menschen zu Selbststand und eigener Mächtigkeit ist nicht vorgesehen. Prometheus kann also sein Ziel menschlicher Selbstwerdung nur so verwirklichen, daß er offen gegen den autorisierten Gott rebelliert. Die Befähigung des Menschen, seine menschliche Potenz auszuschöpfen und als Mensch Mensch zu sein, ist von Prometheus nur zu vollziehen als Befreiungsakt, der die Gültigkeit „Gottes" (= Zeus') außer Kraft zu setzen versucht.

Den Gott zu negieren, damit der Mensch Mensch werden kann, das also ist der Grundzug des prometheischen Handelns. Es ist unschwer zu belegen, daß dieser Tenor auch die großen (neuzeitlichen) Atheismen charakterisiert. Feuerbach, Marx, Nietzsche, Sartre – sie alle führen ihre Religionskritik im Horizont des ethischen Postulats, daß die Befreiung von Gott die Befreiung des Menschen bewirke. Zwar im eigenen Interesse, aber gleichwohl völlig berechtigt stellt E. Bloch fest: Die große (atheistische) Religionskritik ist eine „Religionskritik ohne Frechheit": „nicht Thersites ist darin, sondern immer Prometheus mit der Fackel" (E. Bloch, Atheismus im Christentum, 66).

Die didaktische und methodische Planung der Doppelstunde wird zum einen darauf auszurichten sein, Prometheus' Idee des entschränkten, zum eigenen Schöpfertum befreiten Menschen in der urbildlichen Tiefe des Mythos zu erheben, zum anderen hat sie auch die neuzeitliche Wirkungsgeschichte dieser Idee beispielhaft miteinzubeziehen. Die Schüler müssen unter dem zweiten Gesichtspunkt erkennen können: Die Verbindung der Prometheus-Gestalt mit dem Denken und Handeln des modernen Menschen braucht nicht erst in nachträglicher Deutung hergestellt zu werden; sie ist vielmehr eine Konstituente der Selbstverständigung des modernen Menschen und wird entsprechend häufig in der bildenden Kunst, der Literatur oder der Philosophie gestaltet bzw. thematisiert. Prometheus steht innerhalb der neuzeitlichen Wirkungsgeschichte allgemein für das Ideal des autonomen, in eigener Verantwortung seine Welt schaffenden Menschen ein, im besonderen aber variiert das aus dem Mythos entwickelte Menschenbild je nach Kontext und Verständnishorizont. Im Zusammenhang des Marxismus etwa ist Prometheus nicht nur als Urbild menschlichen Schöpfertums, sondern gerade auch als Symbol des Kampfes gegen Unterdrückung zukunftsweisend.

Um diese grundsätzlichen Überlegungen zur Gestaltung der Doppelstunde zu verwirklichen, wird hier nun folgende didaktische und methodische Konkretion gewählt:

Anhand von Auszügen aus einem Interview der „Leipziger Volkszeitung" mit dem Altphilologen Prof. Jürgen Werner (Mat. 15) soll zunächst im Klassengespräch der Frage nachgegangen werden, wie ein marxistischer Wissenschaftler die Aktualität der antiken Literatur und Kunst im allgemeinen und des Prometheus-Mythos im besonderen begründet. Ohne daß dies eigens thematisiert werden müßte, dürften die Schüler begreifen, daß die Begründung Werners mutatis mutandis auch für ein nicht-marxistisches Verständnis gilt.

Nachdem durch den Einstieg wenigstens ansatzweise verdeutlicht ist, daß die Beschäftigung mit dem Prometheus-Mythos keinen Anachronismus, sondern ein rückwärts gewandtes Nach-vorne-Denken darstellt, ist die Grundlage dafür bereitet, den Mythos in seiner klassischen Gestalt zu betrachten. Es wäre vielleicht der beste Weg, wenn die Schüler den Inhalt des Mythos selbständig anhand einer (die verschiedenen antiken Quellen zusammenschauenden) Nacherzählung erarbeiteten. Aus Zeitgründen wird aber auf diesen Weg verzichtet. Statt dessen wird der Mythos durch Schüler- bzw. Lehrervortrag vergegenwärtigt. Fakultativ ist eingeplant, im Anschluß an den Vortrag ein kleines Stück aus Aischylos' „Der gefesselte Prometheus" (Mat. 16) zu lesen und hierdurch den Schülern einen Eindruck von dem wirkungsgeschichtlich folgenreichsten Quellentext zu vermitteln.

Auf die Betrachtung des klassischen Prometheus-Stoffs kann dann die Untersuchung seiner Neugestaltung in der Moderne folgen. Die Beispiele sind zwei Gedichte, die zeitlich weit auseinanderliegen und in Form und Inhalt sehr verschieden sind: das eine Gedicht ist – natürlich! – der berühmte Prometheus-Hymnus des jungen Goethe (Mat. 17), das andere Gedicht ist ein in sich nicht ganz stimmiges Werk des zeitgenössischen DDR-Literaten Volker Braun (Mat. 18).

Falls nach der dreischrittig durchzuführenden Analyse der beiden Gedichte noch Zeit übrig bleibt, wird die Doppelstunde mit der Betrachtung des Holzschnitts „Prometheus" von Frans Masereel (Mat. 19) beendet. Das Bild gestaltet die Ambivalenz des prometheischen Menschen und eignet sich vorzüglich für eine abschließende Reflexion.

B. Ziele dieser Doppelstunde

– Der Prometheus-Mythos soll von den Schülern als urbildhafte und daher immerzu aktuelle Aussage über das Menschsein verstanden werden.
– Der Inhalt des antiken Prometheus-Mythos ist im ganzen zu vermitteln. Wenn es zeitlich möglich ist, soll überdies gezielt überlegt werden, wodurch im Sinne des Mythos die Menschwerdung des Menschen bewirkt wird.
– Der neuzeitlichen Rezeption des Prometheus-Mythos wird am Beispiel eines

Goethe- und eines Braun-Gedichts nachgegangen. Hierbei muß für die Schüler deutlich werden, daß Prometheus in beiden Gedichten als Symbolgestalt menschlicher Autonomie und menschlichen Schöpfertums erscheint, daß aber Goethes Pathos bei Braun bis in sprachliche Irritationen hinein skeptisch gebrochen ist.
– Durch die Betrachtung des „Prometheus"-Holzschnitts von Masereel können die Schüler erkennen: Die Verwirklichung der wesentlichen Potenz des Menschen vermag leicht in vermessene Hybris umzuschlagen und dann zu Chaos und Zusammenbruch zu führen. Doch liegt im Griff nach dem himmlischen Feuer auch die Zukunftshoffnung begründet.

C. Stundenverlauf

Phase 1: Die Schüler lesen in Stille den Auszug aus einem Gespräch, das die „Leipziger Volkszeitung" mit Jürgen Werner, Professor für Klassische Philologie an der Karl-Marx-Universität Leipzig, im August 1986 geführt hat (Mat. 15). Werner erläutert hier in Kategorien marxistischen Denkens die einzigartige und modellhafte Bedeutung der griechischen Kultur. Doch sind seine Aussagen der Sache nach nicht nur für einen marxistischen Denkhorizont, sondern mit entsprechender Abwandlung auch für ein anderes Verständnis gültig.

Wenn alle den Text gelesen haben, wird er im Klassengespräch analysiert. Die Untersuchung, die durch Fragen des Lehrers strukturiert wird, geht vom Allgemeinen zum Besonderen; ihr erster Gegenstand ist die einmalige Bedeutung des klassischen Griechentums, ihr zweiter die Aktualität der antiken Kunst und Literatur, ihr dritter die marxistische Rezeption speziell des Prometheus-Mythos (Ergebnisse s. Stundenblatt). Die Urbildlichkeit, die von Werner den Werken der griechischen Antike überhaupt, insonderheit aber dem Prometheus-Mythos zugesprochen wird, impliziert im Kontext der Unterrichtseinheit einen Verweis zurück und nach vorne. Der Verweis zurück bezieht sich auf Abraham; wie dieser im Horizont des Theismus als exemplarische Gestalt erschien, so erscheint nun Prometheus im Horizont des A-Theismus als ein Urbild. Nach vorne aber weist die Aussage der Urbildlichkeit, insofern Prometheus' Leitbildfunktion für den modernen säkularen Menschen noch ausdrücklich (in dieser Doppelstunde und im Zusammenhang der Feuerbachschen und Marxschen Religionskritik) thematisiert werden wird.

Prometheus, Titan

(A) Prometheus (der Vorausdenkende) war ein Sohn des Titanen Iapetos von Iapetos' Schwester Themis oder von Klymene oder Asia, beides Okeaniden. P. oder Hephaistos soll Athene aus Zeus' Haupt entbunden haben, indem er es mit einer Axt spaltete. P. ist jedoch am besten als wichtigster Vorkämpfer der Menschen bekannt; manche behaupten, er habe sie aus Lehm modelliert. Gewöhnlich schickte er seine Schöpfungen Zeus zur Begutachtung, aber als ihm einmal ein außerordentlich schönes Exemplar gelang, verzichtete er darauf, weil er die Vorliebe des Gottes für schöne Knaben kannte. Zeus jedoch hörte von dem Knaben, dessen Namen Phaënon war, und ließ ihn in den Himmel entführen, wo er der Planet wurde, der jetzt Jupiter heißt. Diejenigen, die nicht glaubten, daß P. die Menschen aus Lehm herstellte, sagten, er habe sie in üblicher Weise gezeugt. Von einer gewissen Pronoia war er der Vater des Deukalion; sein Bruder Epimetheus war von Pandora der Vater der Pyrrha. Die beiden heirateten einander, und als alle oder die meisten anderen Mitglieder des Menschengeschlechts in einer Sintflut ertranken, schafften sie sich mehr Nachkommen, indem sie P.' Rat befolgten und Steine über ihre Schultern warfen. So verdankt das Menschengeschlecht dem Titanen seine Existenz auf die eine oder andere Weise. Es ist ihm auch für die Grundlagen der Zivilisation zu Dank verpflichtet. Zeus hatte keine sehr hohe Meinung von menschlichen Wesen. Er und die anderen Götter verlangten ständig Opfer von den Menschen, denen es schwer genug fiel, Nahrung für sich selbst zu finden. P. fand zu seinem eigenen Unglück mehrere Mittel, um das Los seiner Geschöpfe zu verbessern. Er überredete Zeus, mit einem Teil der Opfertiere zufrieden zu sein, während bisher die ganzen Tiere verlangt worden waren. Ein Streit erhob sich darüber, welcher Teil den Göttern gehören solle. Der Titan hüllte die besten Teile des Fleisches in eine Ochsenhaut oder einen -magen, Knochen und Innereien aber einladend in üppiges Fett, dann überließ er dem Gott die Wahl. Zeus ließ sich täuschen und wählte die schlechteren Teile. Durch P.' Verschlagenheit wurde die tägliche Kost der Menschen viel besser, aber Zeus vergaß es ihm nicht, daß er ihn überlistet hatte.

Die Menschen lebten immer noch armselig, denn sie konnten sich weder warm halten noch ihr Essen kochen, da das Feuer für die Götter reserviert war. P. entschloß sich zu einer gefährlichen Unternehmung, um der Menschheit diese Wohltat zu verschaffen. Er stahl Feuer aus dem Himmel, verbarg es in einem hohlen Rohr und brachte es heimlich auf die Erde hinab. Zeus war wütend über die Unverschämtheit des Titanen und befahl Hephaistos, ihn an einen Felsen im Kaukasus zu schmieden, und schickte einen Adler, der ihm jeden Tag seine Leber, die über Nacht wieder nachwuchs, heraushacken sollte. Außerdem sorgte Zeus dafür, daß die Menschen sich nicht lange der bequemeren Lebensbedingungen erfreuten. Er befahl Hephaistos, ein schönes und zugleich übles Wesen als Plage für P.' Menschen zu erschaffen: eine Frau. Die anderen Götter gaben ihr Geschenke wie Schlauheit, Verschlagenheit und Niedertracht im allgemeinen. Dann schenkte Hermes die Frau – die ironischerweise den Namen Pandora (alle Geschenke) erhalten hatte – P.' einfältigem Bruder Epimetheus (der zu spät Bedenkende). Obwohl Epimetheus von P. oft gewarnt worden war, niemals Geschenke von den Göttern anzunehmen, heiratete er die Frau. Sie hatte als Mitgift eine Büchse voll weiterer Geschenke mitgebracht: alle Übel, von denen Menschen geplagt werden. Pandora öffnete die Büchse bald nach ihrer Ankunft und ließ den Schwarm von Beschwerden frei; nur ein Geschenk hielt sie zurück – die Hoffnung.

(B) P.' Wohltaten für die Menschen waren so auf wirksame Weise zunichte gemacht. Der Titan selbst hing dreißigtausend Jahre an seiner Felsenspitze. Das Ende seiner Leiden ist umstritten. Sein Befreier war offensichtlich Herakles; er erschoß den Adler und zerbrach P.' Ketten. Manche sagen, daß Zeus dies geschehen ließ, weil er den Taten seines berühmten Sohnes eine weitere Ruhmestat hinzufügen wollte. Andere behaupten, daß P., der prophetische Fähigkeiten hatte, ein Geheimnis besaß, das Zeus unbedingt wissen wollte. Dieses Geheimnis, so hieß es oft, besagte, daß es Thetis, an der Zeus stärkstes Interesse zeigte, bestimmt war, einen Sohn zur Welt zu bringen, der größer als sein Vater sein werde. P. benutzte diese Kenntnis (die ihm Themis vermittelt hatte), um mit Zeus erfolgreich um seine Freiheit zu handeln. Als Zeichen der Dankbarkeit gegenüber Herakles, der gerade nach den Äpfeln der Hesperiden unterwegs war, riet ihm P., die Äpfel nicht selbst zu pflücken, sondern ihren Besitzer Atlas, P.' Bruder, dazu zu veranlassen. Es wird berichtet, daß der Kentaur Cheiron, der von einer vergifteten Pfeilwunde in seinem Fuß unsägliche Qualen litt, gerne sterben wollte, es aber nicht konnte, weil er unsterblich war. Obwohl P.' Pein zu dieser Zeit ebenso schrecklich war, erklärte er sich bereit, die Unsterblichkeit des Kentauren auf sich zu nehmen, und Cheiron konnte sterben. Diese Geschichte ist jedoch nicht sehr wahrscheinlich, denn P. selbst muß als Titan von Natur aus unsterblich gewesen sein. Manche sagen, daß er, immer noch an seinen Felsen gefesselt, in dem Sternbild des Engonasin zu sehen sei, aber diese Sternengruppe wurde auf verschiedene Arten gedeutet. P. wurde auf Erden mit Fackelläufen geehrt, die an seinen Diebstahl des Feuers erinnerten.

P. ist der Protagonist des *Gefesselten Prometheus,* der einzigen überlieferten Tragödie aus einer Trilogie des Aischylos über den Titanen. Siehe auch Hesiod, *Theogonie* 507–616; ders., *Erga* 47–105; Apollodor 1,2,3; 1,3,6; 1,7,1 f.; 2,5,4; 2,5,11; 3,13,5; Hygin, *Fabulae* 54; 144; ders., *Poetica Astronomica* 2,6; 2,15; 2,42; Pausanias 1,30,2; 2,19,5; 2,19,8.

(Mit freundlicher Genehmigung des Reclam Verlags, Stuttgart, aus: Reclams Lexikon der antiken Mythologie, 1974)

Phase 2: Da die Schüler den Prometheus-Mythos meist gar nicht oder nur sehr vage kennen, muß er eigens vergegenwärtigt werden; andernfalls könnten sie die These von seiner urbildlichen Aussage über das Menschsein nicht wirklich nachvollziehen. Die Informationen zu den Quellen, dem Inhalt und der Wirkungsgeschichte des Mythos erarbeiten sich die Schüler nicht selbst (anhand eines lexikalischen und/oder nacherzählenden Textes), sondern sie werden ihnen durch einen Lehrer- bzw. Schülervortrag gegeben. Der Schülervortrag ist vorzuziehen, weil der Lehrer sich in dieser Doppelstunde ohnehin schon stark einbringen muß. Damit die Informationen nicht, wie das öfter bei Referaten geschieht, gehört und gleich wieder vergessen werden, hält der Referent die Hauptpunkte seines Vortrags stichwortartig an der Tafel fest (s. Stundenblatt). Die Klasse übernimmt dann den Tafelanschrieb ins Heft.

Phase 3 (fakultativ): Die vom Referat geleistete Vergegenwärtigung des antiken Prometheus-Mythos reicht als Grundlage aus, um die Ziele dieser Doppelstunde zu erreichen. Freilich tritt die antike Gestalt des Mythos den Schülern nachdrücklicher und eindringlicher vor Augen, wenn zusätzlich zum Referat ein Stück Quellentext gelesen und besprochen wird. Aus den verschiedenen Quellen könnten verschiedene Textstücke ausgewählt werden. Im Hinblick auf den weiteren Verlauf der Doppelstunde bieten sich aber besonders die berühmten Verse aus Aischylos' „Der gefesselte Prometheus" an, in denen der Protagonist die „Wohltat seiner Gaben" an die Menschen „erklärt" (vv. 445–471). Damit die Verse ihrem Gehalt und ihrer Form entsprechend wirken, liest sie der Lehrer selbst vor. Im Klassengespräch ist in erster Linie herauszuarbeiten, wie Prometheus zum einen den Anfangszustand der Menschen, zum anderen seine zum Fortschritt führenden Gaben darstellt; darüber hinaus sollte aber auch weitergehend überlegt werden, ob die von Prometheus gepriesenen Gaben bereits die Ambivalenz des Fortschritts erkennen lassen.

Phase 4: Der Lehrer leitet nun von der Betrachtung des klassischen Prometheus-Mythos zum Aspekt seiner neuzeitlichen Rezeption über. Er führt kurz aus:

In der Neuzeit wird der Prometheus-Mythos häufig von der Literatur und der bildenden Kunst, gelegentlich auch von der Musik aufgegriffen und gestaltet bzw. interpretiert. Indem besonders das Motiv der trotzigen Auflehnung gegen Zeus ausgeprägt wird, erscheint Prometheus als eine Symbolgestalt, die exemplarisch das neuzeitliche Ideal des aufgeklärten, selbstschöpferischen, in eigener Verantwortung handelnden Menschen ausdrückt. Dieses Verständnis des Prometheus ist bis in unsere Gegenwart hinein belegbar, so etwa bei den Philosophen Karl Jaspers und Ernst Bloch.

Nach der Überleitung des Lehrers wird damit begonnen, seine allgemeinen Bemerkungen an konkreten Beispielen nachzuvollziehen. Die Schüler lesen still zwei lyrische Gestaltungen des Prometheus-Stoffs, deren Entstehung fast zweihundert Jahre auseinanderliegt: Goethes berühmten Hymnus aus seiner „Sturm und Drang-Zeit" (1774, Mat. 17), den die Schüler vielleicht schon kennen, und ein den Schülern gewiß unbekanntes Gedicht des allerdings namhaften zeitgenössischen DDR-Schriftstellers Volker Braun (Mat. 18). Wenn die stille Lektüre beendet ist, werden die Gedichte noch laut vorgelesen. Anschließend fordert der Lehrer die Schüler auf, spontan ihre Eindrücke von den Texten zu äußern (mögliche Ergebnisse s. Stundenblatt).

Phase 5: Die ersten Eindrücke äußern zu lassen, hat hier wie sonst auch den Zweck, die genaue Analyse vorzubereiten. Diese kann jetzt erfolgen. Die Analyse der Gedichte bliebe ungenügend, wenn nur die inhaltlichen und nicht auch die formalen Aspekte berücksichtigt würden. Einer differenzierten Untersuchung der Form steht freilich entgegen, daß sie den Schülern als ein ins Fach Religion verirrter Deutschunterricht erschiene. Der Ausweg wird dadurch gefunden, daß die Schüler ein Arbeitsblatt erhalten, auf dem in der Spalte „Form des Gedichts" die wesentlichen Punkte bereits benannt sind (s. Stundenblatt). Als Arbeitsaufgabe bleibt für sie übrig, den Gedichtinhalt wiederzugeben und entsprechend der in der Inhaltsspalte vorgegebenen Einteilung einzutragen. Sie sollen dabei mit eigenen Worten in zusammenfassender Weise formulieren, was schon eine gewisse Interpretationsleistung verlangt, und sie sollen außerdem die Wiedergabe aus der Perspektive des lyrischen Ich abfassen, damit die Sprachhandlungen im Gedicht (Protest, Imperativ, Fragen . . .) auch deutlich werden.

Die Aufgabe der (nicht bloß reproduktiven, sondern in Ansätzen schon interpretativen) Inhaltswiedergabe wird arbeitsteilig gestellt. Die Schüler der einen Klassenhälfte bearbeiten Goethes, die der anderen Klassenhälfte Brauns Gedicht (und zwar in Einzelarbeit).

Die Auswertung wird wie gewöhnlich in zwei Schritten durchgeführt. Um bei der Einholung der Ergebnisse Zeit zu sparen, hat der Lehrer vor Beginn der Einzelarbeit an vier Schüler (= zwei pro Klassenhälfte) zusätzlich zum Arbeitsblatt eine mit diesem identische Folie ausgegeben und sie beauftragt, ihre Ergebnisse auch darauf einzutragen. Die Folien der vier Schüler werden nun nacheinander aufgelegt, zuerst die Goethes, dann die Brauns „Prometheus" betreffenden. Die Mitschüler machen Ergänzungs- und Verbesserungsvorschläge, die ggf. in die Folien aufgenommen werden. Umgekehrt können die Mitschüler aufgrund der projizierten Ergebnisse die Ergebnisse auf ihren Arbeitsblättern verändern bzw., da sie sich ja immer nur mit einem Gedicht beschäftigt haben, die Ergebnisse zum anderen Gedicht nachtragen.

Der zweite Schritt der Auswertung besteht dann darin, im Klassengespräch auf der Basis der Ergebnisse, die zur Form vorgegeben, zum Inhalt selbst erarbeitet wurden, Interpretationselemente herauszubilden. Die Deutung der Prometheus-Gestalt wird auf ihre Bezüge konzentriert: Wie steht sie zu sich selbst, zu Gott, zur Welt? Die Verständigung hierüber wird schließlich verdichtet zur Antwort auf die Frage: Wer ist Prometheus – bei Goethe, bei Braun? Am Ende des Gesprächs diktiert der Lehrer die gewonnenen Interpretationsaussagen zusammengefaßt als Hefteintrag (s. Stundenblatt).

Phase 6 (fakultativ): Damit diese Phase durchgeführt werden kann, werden wenigstens zehn Minuten benötigt. Ziel ist es, die Prometheus-Idee zum Schluß noch und auch abschließend von einem anderen, dem Medium des Bildes aus zu reflektieren. Das ausgewählte Bild ist ein Holzschnitt von Franz Masereel (1954, Mat. 19). Die Darstellung ist gegenständlich, in der Aussage aber keineswegs eindeutig. Es bedarf genauer Betrachtung, um alle Details zu identifizieren, vor allem aber, um den Zusammenhang zwischen dem riesenhaften „Prometheus" im Vordergrund und dem Hintergrund-Geschehen zu deuten. Die Schüler lassen das Bild zunächst in Stille auf sich wirken. Nach zwei/drei Minuten regt der Lehrer dazu an, das Bild zu beschreiben. Ein Schüler gibt eine Beschreibung, andere ergänzen (s. Stundenblatt). Zuletzt wird im Unterrichtsgespräch der Versuch unternommen, die Bildaussage zu interpretieren.

Es ist nicht ohne weiteres auszuschließen, daß der Zusammenhang von Vordergrund-Geschehen, Prometheus' Riesen-Griff nach dem Feuer im Himmel, und von Hintergrund-Geschehen, dem Zusammenbruch überdimensionierten Menschenwerks, pessimistisch gedeutet werden muß – als Grund-Folge-Verhältnis in dem Sinne, daß menschliche Hybris schließlich ins Chaos führt. Beachtet man allerdings, daß die Prometheus-Gestalt von hellem Sonnenlicht beschienen ist, wird man die Aussage, die Masereel im Bild veranschaulichen wollte, doch anders verstehen: Der Zusammenbruch des Hintergrunds ist die vergangene oder gegenwärtige Situation der Menschen (konkret wird die Erfahrung des zweiten Weltkriegs dahinterstehen), Prometheus im Vordergrund aber symbolisiert die Zukunftshoffnung, daß der Mensch mit übermenschlicher Kraft die neue Welt schafft.

Atheismen der Neuzeit

Vorüberlegungen zur ganzen Sequenz (= 19. – 24. Stunde)

Wird im Religionsunterricht der neuzeitliche Atheismus behandelt, und zwar der ethisch und theoretisch „große" (Bloch), nicht der gleichgültige, gedankenlose oder denunziatorische, entsteht nicht selten ein augenfälliger Zwiespalt. Einerseits sind viele Schüler anfangs hochmotiviert, sich mit der atheistischen Religionskritik zu beschäftigen. Denn diese Thematik betrifft direkt ihre Identität; sie selbst stehen ja, ihrem Lebensalter und der Zeitstimmung entsprechend, dem Glauben weitaus kritischer gegenüber, als daß sie in ihm fest verankert sind. Andererseits verschwindet die Motivation gerade dann, wenn die Atheismen wirklich intensiv und gründlich erarbeitet werden. Die Ursache dafür liegt in der Frustration, die den Schülern durch die einem leichten Verständnis sich versperrenden Texte bereitet wird. Man muß klar sehen, daß das Denk- und Sprachniveau der atheistischen Konzeptionen meist echt philosophisch ist und damit den Reflexionshorizont der Schüler beträchtlich übersteigt.

Aus der offenkundigen Verständnisschwierigkeit, die Schülern im Umgang mit Feuerbach, Marx, Nietzsche oder Sartre begegnet, können didaktisch und methodisch verschiedene Konsequenzen gezogen werden. Die radikalste Konsequenz könnte sein, die „großen" Atheismen überhaupt nicht mehr zu behandeln. Doch wäre diese Konsequenz nur dann einleuchtend, wenn sich keine Möglichkeit zeigte, den Schülern ein angemessenes Verständnis zu vermitteln. Ein Weg, der angesichts der Verständigungsschwierigkeit öfter gegangen wird, besteht darin, den Schülern die Erarbeitung der Atheismen durch Schlagworte und Formeln zu erleichtern. Das Wissen, das die Schüler so gewinnen, ist jederzeit abrufbar, freilich aber ist es ein sehr vordergründiges Wissen, das die Atheismen handlich zurechtmacht und verflacht. Der Weg, der im Rahmen dieser Unterrichtseinheit gewählt wird, versucht die Mitte zu halten zwischen der „Anstrengung des Begriffs" und der Vereinfachung des zu Verstehenden. Es wird Wert darauf gelegt, daß die Grundgedanken der Texte in ihrer Ausfaltung und ihrem Zusammenhang von den Schülern möglichst authentisch nachvollzogen werden. Das kann allerdings nur gelingen, wenn der Lernprozeß sich organisch entwickelt und der Lehrer durch Informationen und Erklärungen Hilfestellung gibt. Die direkte Arbeit an den Texten muß ausführlich vor- und nachbereitet werden.

Gelingt es tatsächlich, die Schüler in ein tiefergehendes Verständnis der Atheismen hineinzuführen, stellt sich leicht das neue Problem ein, daß ihnen die Religionskritik überzeugender erscheint als die kritisierte Religion. Es wird daher nicht selten so verfahren, daß einer religionskritischen Theorie, sobald sie erarbeitet ist, gleich die Antikritik entgegengestellt wird. Dieses Verfahren trägt allerdings kaum zur Glaubwürdigkeit der Religion bei; die Schüler gewinnen den Eindruck, die behandelte atheistische Position sei im

Grunde gar nicht ernst genommen worden, sondern ihre Erarbeitung habe von Anfang an unter dem Vorbehalt stattgefunden, daß sie am Ende vernichtet werde. Aber auch von der Sache her ist es abzulehnen, die Auseinandersetzung mit dem Atheismus vorrangig apologetisch auszurichten. Wie im Christentum atheistische Elemente enthalten sind, so im Atheismus christliche: hinter diese Erkenntnis, die etwa E. Bloch überzeugend dargelegt hat, sollte man nicht zurückfallen. Fruchtbar wird die Auseinandersetzung also dann, wenn sie als Dialog geführt wird. Das den Schülern zu verdeutlichen, mit ihnen den Dialog zu erproben, muß ein wesentliches Ziel sein. Am Beispiel Hiobs wird in der letzten Doppelstunde der Unterrichtseinheit dieses Ziel zu erreichen versucht.

19./20. Stunde:
Ludwig Feuerbach: Religion als Produkt des mit sich entzweiten Bewußtseins

A. Methodisch-didaktische Vorbemerkungen

Wo Feuerbach seine Religionskritik in ihrer gedanklich höchsten Form darstellt, muß sie philosophisch, in ihren Begriffen und ihrer Bewegung des Denkens, nachvollzogen werden, oder man versteht die dargestellte „Sache" nur ungenau, nicht als sie selbst. Überdies muß die spekulativ entfaltete Religionskritik Feuerbachs zu ihrem vollen Verständnis vor dem Hintergrund der Hegelschen Philosophie betrachtet werden. Beide Verstehens-Bedingungen, das philosophische Nach-Denken und das Beziehen auf Hegels Philosophie, sind aber im Rahmen eines Kurses „Religion", überhaupt wohl im Rahmen des Oberstufenunterrichts, nicht eigentlich einlösbar. Die Konzeption der Doppelstunde hat also die Aufgabe zu lösen, daß eine Beschäftigung mit Feuerbachs Religionskritik möglich sein soll, die der Sache seines Denkens gerecht wird und gleichwohl die Schüler nicht überfordert.

Um zu einer Lösung zu kommen, ist vor allem anderen bei der Wahl der Texte anzusetzen. Während in den meisten Arbeitsheften und Materialiensammlungen Feuerbachs Religionskritik anhand der philosophisch komplexen Stellen seines Werks vorgestellt wird, soll hier weitgehend mit einfacheren Texten gearbeitet werden. Diese einfacheren Texte sind u. a. in Feuerbachs „Vorlesungen über das Wesen der Religion" zu finden, die er 1848/49 in Heidelberg vor einem gemischten Zuhörerkreis – vor Studenten, Mitgliedern des Arbeiterbildungsvereins und Angehörigen des fortschrittlichen Bürgertums – hielt. Wie die gesamten „Vorlesungen" zeichnen sich die ausgewählten Auszüge dadurch aus, daß sie einerseits ohne spezifisch philosophische Sprache auskommen und eine gewisse Anschaulichkeit besitzen, daß sie andererseits aber doch die Grundgedanken der Feuerbachschen Position deutlich genug vermitteln. Wenn es auch im Kursunterricht „Religion" nicht möglich ist, den wirkungsgeschichtlichen Zusammenhang zwischen Feuerbachs und Hegels Denken so eingehend zu behandeln, daß daraus ein grundlegend besseres Verständnis der Feuerbachschen Religionskritik resultiert, so sollte er doch angesprochen werden. Die Schüler sollen wenigstens wissen, daß Feuerbach, der ehemalige Hegel-Schüler, sein Denken in weiten Teilen als kritischen Gegen-Satz zu Hegels Philosophie entworfen hat. In einem Lehrervortrag kann die entsprechende Information kurz und einfach vorgestellt werden.

„Religionskritik ohne Frechheit hatte … immer den Tenor der Verse in sich, worin Vergil den Lukrez feiert:
‚Glücklich, der die Ursachen der Welt erkennen konnte und der über jede Furcht und über das unerbittliche Schicksal und über den Lärm der gierigen Unterwelt sich erhoben hat.'
Das also, aufrechte Haltung und Wille zum Wissen, macht den Tenor der großen Religionskritik aus; nicht Thersites ist darin, sondern immer Prometheus mit der Fackel."

E. Bloch, Atheismus im Christentum, 66

Nachdem im Grundsatz das hermeneutische Problem geklärt ist, auf welche Weise den Schülern Originaltexte der Feuerbachschen Religionskritik zugänglich gemacht werden können, ist nun noch kurz die Gestaltung der Doppelstunde im ganzen zu bestimmen. Den „Vorüberlegungen" (s. o.) gemäß hat für die Strukturierung zu gelten, erstens in mehreren Schritten allmählich auf die Textarbeit vorzubereiten, indem ein Feuerbachs Leben und Werk betreffendes Wissen vermittelt wird, zweitens die Textarbeit ausführlich in einem auf die Synthese der einzelnen Arbeitsergebnisse abzielenden Gespräch nachzubereiten. Ein besonderes Gestaltungselement ergibt sich aus dem Ziel, die moderne Religionskritik nicht nur an sich selbst, sondern auch im Horizont des Prometheus-Mythos zu betrachten. In der Konkretion, die wie immer natürlich Varianten zuließe, sieht der Ablauf der Doppelstunde dann so aus: Besprechen eines Bloch-Zitats über die prometheische Haltung der großen Religionskritik – skizzenhafte Darstellung von Feuerbachs Leben und Werk im Schülerreferat – kurzer Lehrervortrag zu „Feuerbach und Hegel" – Erarbeitung der Hauptgedanken von Feuerbachs Religionskritik anhand verschiedener Textauszüge (Einzelarbeit) – Synthese der Arbeitsergebnisse: Entwickeln einer schematischen Übersicht zu Feuerbachs Religionskritik im Klassengespräch – abschließende Betrachtung: Die Wir-

kung von Feuerbachs Atheismus am Beispiel Gottfried Kellers.

C. Ziele dieser Stunden

Die Schüler sollen
– den Anspruch kennen und reflektieren, das Signum der „großen", auch der Feuerbachschen, Religionskritik sei die prometheische Haltung;
– die Hauptereignisse von Feuerbachs Biographie wissen und zeitlich ungefähr einordnen können;
– den antimetaphysischen Ansatz von Feuerbachs Denken benennen können;
– den Kernsatz von Feuerbachs Religionskritik formulieren und ihre psychologisch-anthropologischen Grundaussagen zur Entstehung und zum Wesen der Religion darlegen können;
– die Wirkung von Feuerbachs Atheismus am Beispiel Gottfried Kellers verdeutlichen können.

C. Stundenverlauf

Phase 1: Der Lehrer liest unmittelbar zu Beginn ein Zitat aus Ernst Blochs „Atheismus im Christentum" vor, in dem die „große" Religionskritik durch Beispiele aus der Antike charakterisiert wird. Er läßt das Zitat eine Minute in Stille wirken, bevor er den Autor und den Ort des Zitats nennt.. Er informiert dann mit wenigen Sätzen über Ernst Bloch und außerdem, da sonst die Schüler die Sinnspitze des Zitats nicht ganz verstünden, über die Gestalt des Thersites. Die Information an die Schüler sollte diesen Umfang und diesen Inhalt haben:

– Ernst Bloch, geb. 1885, gest. 1977, studierte Philosophie und Physik und lebte zunächst als freier Schriftsteller in München, Bern, Berlin. Die Zeit des Nationalsozialismus verbrachte er im Exil (Tschechoslowakei und Vereinigte Staaten). 1949 wurde er zum Ordinarius für Philosophie an die Universität Leipzig berufen; seit 1961 war er, weil er in der DDR keine Lehrmöglichkeit mehr hatte, als Gastprofessor in Tübingen tätig. Bloch war neben Georg Lukacs und den Vertretern der Frankfurter Schule, Adorno und Horkheimer, der bedeutendste Philosoph eines nicht dogmatisch festgelegten Marxismus.

– Thersites wird von Homer als „häßlichster Mann vor Ilios" charakterisiert, der „zügellos" und frech lästert, wann immer die Gelegenheit sich bietet. In der berühmten Szene „Ilias" II 211 ff. versucht Thersites, das Heer gegen seinen Führer Agamemnon aufzuwiegeln mit der Begründung, dieser wolle den Krieg gegen Troja nur zur eigenen Bereicherung nützen. Odysseus ruft zornig aus: „Törichter Schwätzer Thersites, obgleich ein tönender Redner" – und verprügelt ihn.

Nach der Information liest der Lehrer das Zitat nochmals vor. Es schließt sich ein Unterrichtsgespräch an, das die Aussage des Zitats reflektiert. Die Fragen des Lehrers, die das Gespräch strukturieren, folgen dem Fortgang des Gedankens im Zitat; sie zielen zunächst auf die von Bloch demonstrativ angeführten Vergil-Verse, dann auf das Resümee „in der großen Religionskritik ist immer Prometheus mit der Fackel".

Phase 2: Der Lehrer leitet ohne viele Worte zur Beschäftigung mit Feuerbach über. Es genügt, wenn er Feuerbach als einen der maßgeblichen Religionskritiker und Atheisten der Neuzeit einführt, der zu seiner Zeit und in der Geistesgeschichte danach eine kaum zu überschätzende Wirkung hatte. Feuerbachs Religionskritik ausdrücklich mit der Prometheus-Idee zu verbinden, braucht der Lehrer gar nicht; aufgrund des Stundenbeginns stellen die Schüler die Verbindung ohne weiteres für sich selbst her.

Die Grundinformationen zu Feuerbachs Leben und Werk werden durch ein Schülerreferat vermittelt. Das Referat bildet die Mitte der 19. Stunde. 20 Minuten sind ihm wenigstens einzuräumen, damit Feuerbachs Biographie einigermaßen anschaulich – und das heißt: für die Zuhörer eindrucksvoll – dargestellt werden kann. Die Hauptdaten aus Feuerbachs Leben werden entweder vom Referenten selbst oder vom Lehrer an der Tafel festgehalten und von der Klasse ins Heft übernommen (TA s. Stundenblatt).

Auf das Schülerreferat folgt noch ein kurzer Lehrervortrag, der den wirkungsgeschichtlichen Zusammenhang von Hegels und Feuerbachs Denken möglichst einfach erläutert. Durch das Referat wissen die Schüler bereits, daß Feuerbach bei Hegel in Berlin Philosophie studiert hat. Der Lehrer soll nun darauf abheben, daß Feuerbach mit den Methoden der Dialektik Hegels weitergedacht und dessen Philosophie von ihrem Ansatz her in ihr Gegenteil verkehrt hat. Er kann Feuerbachs „Wendung" der Hegelschen Philosophie durch folgenden Gegensatz verdeutlichen:

Nach Hegel ist Gott, d.h. der absolute Geist oder, was dasselbe ist, die absolute Idee, das Prinzip aller Wirklichkeit und diese Wirklichkeit selbst; nach Feuerbach dagegen sind die Natur und der Mensch das allein Ursprüngliche, und die Idee des Absoluten, die Idee Gottes, ist nichts anderes als ein Produkt des menschlichen Geistes.

Phase 3: Die bisherigen Unterrichtsschritte haben Feuerbach profiliert. Sie haben ihn, implizit (Phase 1) und explizit (Phase 2), als „großen" Religionskritiker zu Bewußtsein gebracht, und die Schüler dürften von daher motiviert und interessiert sein, seine Religionskritik zu erarbeiten. Wenn der Abschluß von Phase 2 mit dem Ende der 19. Stunde zusammenfällt und die 20. Stunde sich nicht unmittelbar anschließt, wird die selbständige Arbeit an den Feuerbach-Texten den Schülern als Hausaufgabe aufgegeben. Im anderen Fall wird der Arbeitsauftrag im Unterricht durchgeführt; dann muß aber, da das zu bearbeitende Textmaterial sehr umfangreich ist, eine zusätzliche Stunde eingeplant werden.
Die Texte, die die Schüler bearbeiten sollen, stammen bis auf einen alle aus Feuerbachs „Vorlesungen über das Wesen der Religion":

Den „Vorlesungen..." liegt die Abhandlung „Das Wesen der Religion" zugrunde, die Feuerbach 1846 als Zeitschriftenbeitrag veröffentlichte. Den Entschluß, öffentliche Vorlesungen über das Thema der Abhandlung zu halten, verdankte Feuerbach demokratisch gesinnten Studenten aus Heidelberg, die er im Spätsommer 1848 während seines Aufenthalts in Frankfurt a.M. traf. Er hielt die Vorlesungen vom 1. Dez. 1848 bis zum 2. März 1849 an je drei Wochenabenden vor einem gemischten Publikum im Rathaussaal zu Heidelberg; diesen hatte die Bürgerschaft zur Verfügung gestellt, da ein Hörsaal der Universität verweigert worden war. Die „Vorlesungen..." erschienen 1851 – erweitert und ergänzt, mit neuen Beweisstellen und Bemerkungen versehen – als Band VIII

von Feuerbachs „Sämtlichen Werken" (zu den Informationen dieses Abschnitts vgl. L. Feuerbach, Vorlesungen über das Wesen der Religion, Berlin ²1981, V).

Die Auszüge aus den „Vorlesungen" (Mat. 20/I–VI) sowie der eine Auszug aus „Das Wesen des Christentums" (Mat. 20/VII) sind so ausgewählt, daß Feuerbachs Religionskritik unter vier Aspekten analysiert werden kann. Die entsprechenden Arbeitsaufgaben verlangen von den Schülern, Feuerbachs Kernthese mit eigenen Worten wiederzugeben, seine psychologische Theorie über die Entstehung von Religion (unter Verwendung vorgegebener Begriffe) zu skizzieren, die explizierte Verhältnisbestimmung von menschlichem und göttlichem Wesen in drei/vier Sätzen zusammenzufassen und schließlich den von Feuerbach angegebenen Zweck seiner Religionskritik kurz zu beschreiben. Um den Schülern die Arbeit zu erleichtern, hat der Lehrer bei der Aufgabenstellung den Aufgaben schon die passenden Texte zugeordnet.

Phase 4: Die von den Schülern zu Hause bzw. im Unterricht erarbeiteten Ergebnisse werden nun gesammelt. Es wird dabei so verfahren, daß der Lehrer zu jeder Aufgabe zwei/drei Schüler ihr Arbeitsergebnis vortragen läßt und die zutreffendsten Antwortelemente auf der linken und rechten Tafel stichwortartig festhält.
Mit dem Ergebnisprotokoll wird dann weitergearbeitet. Von den Stichworten ausgehend, versucht der Lehrer gemeinsam mit der Klasse, ein Schaubild zu Feuerbachs psychologischer Erklärung der Religion zu entwickeln. Er schreibt das Schaubild auf der mittleren Tafel an. Im ersten Schritt des fragend-entwickelnden Verfahrens wird geklärt und vom Lehrer schematisch umgesetzt, wie Feuerbach die ursprüngliche natürliche Subjektivität des

Menschen und die in seine Subjektivität eingreifenden Faktoren der objektiven Wirklichkeit bestimmt. Im zweiten Schritt wird der die Religion konstituierende Selbstentzweiungs-Prozeß nachvollzogen, der aus der Verfaßtheit der menschlichen Subjektivität folgt; die schematische Darstellung wird wiederum vom Lehrer geleistet. Im dritten Schritt schließlich wird das Resultat des Selbstentzweiungsprozesses vom Lehrer so genau wie möglich erfragt und ebenfalls schematisiert angeschrieben. Das fertige Tafelbild (s. Stundenblatt) übernehmen die Schüler ins Heft.

Phase 5: Im bisherigen Verlauf der Doppelstunde ist das logisch-begriffliche Verständnis der Schüler erheblich gefordert worden. Es wird daher auf die Schüler befreiend wirken, wenn zum Abschluß Feuerbachs philosophischer Atheismus in einem farbigeren und emotionaleren Medium des Sprechens und Denkens, dem Medium der Lyrik betrachtet wird. Das lyrische Paradigma ist Gottfried Kellers Gedicht „Ich hab' in kalten Wintertagen" (Mat. 21).

Das Gedicht eröffnet den Zyklus „Sonnwende und Entsagen", in dem Keller seinen aus der Begegnung mit Feuerbach herrührenden geistig-seelischen Umbruch verarbeitet. Der biographische Hintergrund ist folgender: Keller befand sich, finanziell unterstützt durch ein Reisestipendium der Züricher Kantonsregierung, gerade in der Zeit zu Studienzwecken in Heidelberg, als Feuerbach dort seine „Vorlesungen über das Wesen des Christentums" hielt (s. o.). Er wurde Hörer der Vorlesungen, und er begann dann auch, die veröffentlichten Werke Feuerbachs zu studieren. Ein Reflex des tiefen Eindrucks, den Feuerbachs Gedanken bei ihm (und bei anderen) hinterließen, findet sich in den Worten des „Grünen Heinrich": „Jetzt griff ich zu den eben in der Vorbereitung begriffenen Werken des lebenden Philosophen, der mir diese Fragen in seiner klassisch monotonen, aber leidenschaftlichen Sprache, dem allgemeinen Verständnisse zugänglich, um und um wendete und gleich einem Zaubervogel, der in einsamem Busche sitzt, den Gott aus der Brust von Tausenden hinwegsang" (G. Keller, Sämtliche Werke Bd. VI, 212; vgl. U. Neuenschwander, Gott im neuzeitlichen Denken Bd. II, 114).

Bevor das Gedicht gelesen wird, informiert der Lehrer kurz über den biographischen Zusammenhang. Es versteht sich, daß das Gedicht laut vorgetragen werden muß; nur so entfaltet es seine ganze Wirkung. Das abschließende Gespräch über das Gedicht zielt auf die Stimmung und auf das Naturverhältnis des lyrischen Ich. Im Besprechen dieser Aspekte muß deutlich werden, daß Feuerbach ein „Zaubervogel" gewesen ist, weil er Gott nicht bloß hinwegsang, sondern für die Lücke zugleich einen vollgültigen Ersatz gab: den Glauben an die Herrlichkeit des Diesseits.

21./22. Stunde:
Karl Marx: Religion als Ideologie einer verkehrten Welt

A. Methodisch-didaktische Vorbemerkungen

Marx' Religionskritik ist explizit fast ausschließlich in seinem Frühwerk auffindbar, und auch dort wird sie nirgends in einem **größeren** Zusammenhang entfaltet. An der einzigen Stelle, wo Marx tatsächlich ausführlicher seine Auffassung der Religion darlegt, in der „Einleitung zur Kritik der Hegelschen Rechtsphilosophie" (1843), ist die Systematik wohl erkennbar, doch die Ausführung ist aphoristisch. Immerhin aber hat Marx hier seine Grundgedanken zur Religionskritik ausgesprochen, und so ist es selbstverständlich, daß dieser Text für die Auseinandersetzung mit der Marxschen Religionskritik eine unverzichtbare Quelle ist.

Es ist durchaus nachvollziehbar, weshalb die Kritik der Religion im Marxschen Werk nicht als eigenständiges Thema erscheint. Nach Marx ist, wie er in der „Einleitung zur Kritik der Hegelschen Rechtsphilosophie" selbst bemerkt, die Kritik der Religion durch Feuerbach bereits im wesentlichen vollzogen. Im Kontext dieser Bemerkung (und in den „Thesen über Feuerbach") bringt er dann allerdings eine entscheidende Korrektur an: Feuerbach habe zwar die Religionsbildung richtig aus der Selbstentfremdung des Menschen erklärt, aber er habe die Selbstentfremdung bloß abstrakt als Bewußtseinsprozeß und nicht als Prozeß des gesellschaftlichen Seins aufgefaßt. Diese Korrektur weiter auszuführen und in Folge davon doch dezidiert Religionskritik zu treiben, ist für Marx gleichwohl nicht notwendig. Im Horizont seiner ökonomischphilosophischen Theorie, die die Korrektur an Feuerbach begründet, ist die Kritik des entfremdeten Lebens nicht auf die herrschenden Ideen, sondern auf die Herrschaftsverhältnisse zu konzentrieren; die Ideen einer Gesellschaft, zu denen vorab die Religion zählt, sind bloß die sekundären Produkte der gesellschaftlichen Wirklichkeit, und soweit die Ideen ein verkehrtes Bewußtsein oder „Ideologie" sind, sind sie dies als Spiegel einer verkehrten Welt. Die Kritik muß auf die antagonistische politisch-ökonomische Praxis zielen, weil nur durch ihre Aufhebung die Aufhebung **aller** Entfremdung möglich ist.

Aus der Sachanalyse, die eben in der nötigen Kürze durchgeführt worden ist, ergeben sich unmittelbar Konsequenzen für die didaktische Planung der Doppelstunde. Wenn das Besondere von Marx' Veränderung und Weiterführung der Feuerbachschen Religionskritik in seiner ökonomisch-philosophischen Theorie begründet ist, dann ist klar, daß den Schülern die Grundbegriffe dieser Theorie vermittelt werden müssen; sonst verstünden sie Marx' Religionskritik allenfalls vordergründig, nicht von ihrer Wurzel her. Außerdem ist klar: Sollen die Hauptgesichtspunkte von Marx' Religionskritik am Originaltext untersucht werden, aber nicht an vielen verstreuten Äußerungen, sondern an einem zusammenhängenden, in sich geschlossenen Textstück, so steht überhaupt nur eine Quelle zur Verfügung: die „Einleitung usw.". Unabhängig vom Ergebnis der Sachanalyse ist in die didaktische Planung noch ein Element einzubeziehen, das dem Leitmotiv der Atheismus-Sequenz, der Prometheus-Idee, Rechnung trägt. Der Einbezug dieses Elements ist bei Marx um so naheliegender, als er schon zu Lebzeiten mit Prometheus identifiziert wurde und nachweislich in Prometheus sein größtes Vorbild sah.

Werden die didaktischen Überlegungen methodisch umgesetzt, gewinnt die Doppelstunde folgende Gestalt:

Über Marx' Biographie und die (für das Verständnis des Stundenthemas wichtigen) Grundbegriffe seiner ökonomisch-philosophischen Theorie wird die Klasse durch ein Schülerreferat informiert. Der Lehrer gibt dem Referenten vor, welche Grundbegriffe er zu erläutern hat. Es ist davon auszugehen, daß das Referat keiner großen Nachbesprechung bedarf, da die Schüler sich im Fach Geschichte normalerweise schon ausführlicher mit Marx beschäftigt haben.

Die Beziehung „Marx–Prometheus" wird anhand einer anonymen Lithographie behandelt, die anläßlich des Verbots der

„Rheinischen Zeitung" im Jahre 1843 deren Chefredakteur Marx als an die Druckerpresse gefesselten Prometheus darstellt. Ein kurzer Lehrervortrag weist darauf hin, daß die Identifikation von Marx und Prometheus, die der Künstler vornimmt, dem Selbstverständnis von Marx entspricht.

Um Marx' Religionskritik am Originaltext zu untersuchen, brauchen die Schüler gewiß die Hilfe des Lehrers, doch die Hauptarbeit können sie selbständig leisten. Der Auszug aus der „Einleitung usw." bereitet ihnen zunächst einmal erhebliche Schwierigkeiten, in sprachlicher Hinsicht etwa durch die Fremdwörter und die Metaphorik, in gedanklicher Hinsicht durch die verkürzte bzw. nicht ausgeführte Argumentation. Diese Schwierigkeiten müssen – nicht völlig, aber doch ein gutes Stück weit – beseitigt sein, damit der Text zugänglich und für das Verständnis offen wird. Der Lehrer gibt daher vor Beginn der stillen Textlektüre den Schülern den Auftrag, die unverständlichen Stellen mit einem Fragezeichen zu markieren. Im Klassengespräch werden dann die unbekannten Begriffe erklärt und die nicht verstandenen Sätze bzw. Satzfolgen in einer ersten Annäherung aufgeschlossen. Damit ist die Grundlage dafür geschaffen, daß die Schüler den Text nach den im Arbeitsauftrag vorgegebenen Aufgaben selbständig untersuchen.

Nach dem Sammeln, Besprechen und Verbessern der Arbeitsergebnisse wird ein die Doppelstunde abschließendes Gespräch über den in Marx' Kritik enthaltenen Religionsbegriff geführt.

B. Ziele dieser Stunden

– Den Schülern wird ein Grundwissen über Marx' Leben und über wichtige Begriffe seiner ökonomisch-philosophischen Theorie vermittelt.
– Die zeitgenössische Verbindung von Prometheus und Marx wird aufgegriffen, durchdacht und an Marx' Selbstverständnis verifiziert.
– Marx' Religionskritik wird in dreifacher Hinsicht für das Verständnis der Schüler aufgeschlossen. Sie sollen nachvollziehen und begreifen,
a) in welchem Verhältnis Marx' Religionskritik zu der Feuerbachs steht,
b) wie Marx explizit Dasein und Funktion der Religion innerhalb der Gesellschaft bestimmt und beurteilt,
c) welches Verständnis von Religion implizit in Marx' Kritik vorausgesetzt ist.

C. Stundenverlauf

Phase 1: Ein Schüler referiert über Marx' Leben und über die Grundbegriffe seiner ökonomisch-philosophischen Lehre. Er hat für den Vortrag, die Beantwortung von Fragen eingeschlossen, 35 Minuten zur Verfügung. Damit der Referent sich bei der skizzenhaften Darstellung von Marx' Lehre – mehr als eine Skizze soll und kann es im Kontext dieser Doppelstunde nicht sein – auf das Grundlegende beschränkt, hat der Lehrer die zu erläuternden Begriffe vorgegeben: Dialektischer Materialismus (Materie, Geist, dialektische Gesetzmäßigkeit), Historischer Materialismus (Basis, Überbau, Produktivkräfte, Produktionsverhältnisse), Entfremdung des Menschen (durch die kapitalistische Produktionsweise). Das Leben von Marx kann entsprechend dem Zeitrahmen auch nicht ausführlich vorgetragen werden, aber die Zeit reicht aus, um der Biographie eine gewisse Anschaulichkeit und Farbe zu geben. Der Referent ist bei der Vergabe des Referats darauf hinzuweisen, er möge Marx' Leben im Vortrag nicht bloß durch Zahlen und Namen vergegenwärtigen, sondern versuchen, einen **Eindruck** sowohl von den politischen, wirtschaftlichen und sozialen Verhältnissen (Kleinstaaterei, Reaktion contra Reformbewegung, Pressezensur, Industrialisierung und Pauperismus) als auch von Marx' persönlichen Verhältnissen (Beziehung zu Engels, materielle Situation) zu vermitteln.

Bevor der Schüler vorzutragen beginnt, wird ein Hektogramm (Vorschlag zur Gestaltung s. Stundenblatt) an die Klasse ausgeteilt; es enthält den Inhalt des Referats in Kurzform und ist vom Referenten selbst angefertigt worden. Der Sinn des Hektogramms ist ein zweifacher: Zum einen soll es als eine Art Übersicht den Hörern des Referats die Orientierung und den Nachvollzug erleichtern, zum anderen dient es der „Ergebnissicherung". Es ist ja bekannt, daß der Inhalt eines Vortrags schnell vergessen ist, wenn nicht die Hauptpunkte schriftlich festgehalten werden.

Fragen zum Referat beantwortet der Referent entweder an ihrem jeweiligen Ort oder nach Beendigung des Referats en bloc. Beide Verfahren haben ihre Vor- und Nachteile. Der Lehrer wird es daher dem Referenten überlassen, welches Verfahren er vorzieht.

Phase 2: Auf die Phase angespannten Zuhörens folgt nun eine Bildbetrachtung, die nicht dieselbe Konzentration erfordert und die vor allem ein anderes Sinnesorgan in Anspruch nimmt. Das Bild, das betrachtet wird, ist eine anonyme Lithographie von 1843; es zeigt Marx als gefesselten Prometheus (Mat. 22). Mit diesem Sujet wird das Leitmotiv der Atheismus-Sequenz aufgegriffen.

Die Bildbetrachtung wird in mehreren Schritten durchgeführt:

Zuerst beschreiben die Schüler einfach, was sie auf dem Bild sehen und erkennen. Der zweite Schritt besteht aus einem gelenkten Gespräch; in ihm soll geklärt werden, welches **historische Ereignis** das Bild allegorisch vergegenwärtigt, wie die **einzelnen allegorischen Bildelemente** zu deuten sind und warum **Marx als Prometheus** dargestellt wird.

Das historische Ereignis, das im Bild seinen Ausdruck findet, bestimmen die Schüler dank der vom Referat vermittelten Kenntnisse leicht; es ist das Verbot der „Rheinischen Zeitung", deren Chefredakteur Karl Marx war, durch die Preußische Regierung im Jahre 1843.

Bei der Ausdeutung der einzelnen allegorischen Bildelemente (Adler, Eichhörnchen, Wassernixen) läßt der Lehrer die Schüler zunächst einmal „spekulieren". Es bedarf aber im weiteren seiner Hilfe, um die Allegorien alle zutreffend aufzulösen. Die Schüler können z. B. nicht wissen, daß der damalige Preußische Kultusminister Eichhorn hieß (und folglich das Eichhörnchen diesen repräsentiert).

Weshalb der Künstler Marx als Prometheus erscheinen läßt – diese Frage zu beantworten, macht den Schülern dann wieder keine Schwierigkeiten. Von den Informationen des Referats ganz abgesehen, reicht dazu schon die Allgemeinbildung der Schüler aus; wenigstens sollte sie es.

Ein dritter Schritt schließt die Bildbetrachtung ab. In einem kurzen Lehrervortrag führt der Lehrer aus, daß

die Identifikation von Prometheus und Marx, die der Künstler vornimmt, keineswegs weit hergeholt ist. Marx selbst bezieht sich mehrfach auf Prometheus. So schreibt er in seiner Doktorarbeit „Über die Differenz der demokritischen und epikureischen Naturphilosophie", Prometheus sei der vornehmste Heilige und Märtyrer im philosophischen Kalender. Und seiner Tochter gegenüber nennt er Prometheus sein größtes Vorbild.

Phase 3: Der Beginn dieser Phase fällt mit dem Anfang der 22. Stunde zusammen. Die Schüler lesen in Stille zwei Texte von Marx, aus den „Thesen über Feuerbach" die These 4 (Mat. 23/I) und aus der „Einleitung zur Kritik der Hegelschen Rechtsphilosophie" die berühmte religionskritische Passage (Mat. 23/II). Der Textauszug aus der „Einleitung..." stellt dem Verständnis der Schüler erhebliche Barrieren entgegen, sprachlich durch die vielen Fremdwörter und gedanklich durch die zusammengedrängte Argumentation. Eine selbständige Textarbeit ist ihnen nicht zumutbar, bevor die größten Verständnisschwierigkeiten beseitigt sind. Der Lehrer hat sie daher beauftragt, beim stillen Lesen die Stellen, die sie nicht verstehen – einzelne Begriffe oder ganze Sätze bzw. Satzfolgen – mit einem Fragezeichen zu markieren. Nach der Lektüre nennen die Schüler die markierten Stellen, damit sie besprochen werden können. Es ist sinnvoll, das Nennen und Besprechen nach dem Kriterium der Komplexität zu ordnen. Zunächst werden nur die unbekannten Begriffe – Fremdwörter wie profan, kompromittieren, Sozietät, spiritualistisch, Sanktion, imaginär – gesammelt. Soweit es möglich ist, sollen sie durch informierte Schüler und nicht durch den Lehrer erklärt werden. Erst dann wird der Text auf die unverstandenen Sätze oder Satzfolgen hin durchgegangen. Auch hierbei hält sich der Lehrer mit eigenen Erklärungen zurück. Schwierige Stellen sind nicht für alle Schüler gleichermaßen schwierig. Die Schüler, die die „Sache" wenigstens ungefähr verstanden haben, geben, indem sie ihr Verständnis der jeweiligen Stelle erläutern, den anderen meist eine ausreichende Verständnishilfe.

Der Lehrer muß aber das Gespräch lenken und durch seine Fragen die für das Verständnis entscheidenden Punkte ins Gespräch bringen.

Wenn das erste, Verständnisschwierigkeiten abbauende Besprechen des Textes abgeschlossen ist, arbeiten die Schüler selbständig weiter. Der Lehrer teilt ein Arbeitsblatt (Kopiervorlage s. Stundenblatt) aus, auf dem vier Aufgaben zur Textanalyse formuliert sind. Die Aufgabe 1 zielt auf Marx' Beurteilung der Feuerbachschen Religionskritik. Für die Lösung müssen die Schüler außer der „Einleitung..." auch die These 4 der Feuerbach-Thesen heranziehen. Die Aufgaben 2–4 beziehen sich dagegen speziell auf die „Einleitung...", und zwar auf das dort dargelegte Verhältnis der Religion zum gesellschaftlichen Sein (2), auf die metaphorischen Aussagen über die Religion (3) und auf die angesprochene Verwandlung der Religionskritik in eine Kritik der Politik und der gesellschaftlichen Zustände überhaupt (4).

Der Schwierigkeit der „Einleitung..." entsprechend arbeiten die Schüler in Partnerarbeit.

Phase 4: Sobald die Schüler mit ihrer Textanalyse fertig sind (und das sollte nach spätestens 20 Minuten Arbeitszeit der Fall sein), werden die Ergebnisse ausgewertet. Es ist bei der Auswertung wichtig, daß nicht die Ergebnisse zu allen Aufgaben auf einmal gesammelt werden. Vielmehr wird Aufgabe für Aufgabe so verfahren: Ein Schüler liest das Ergebnis seiner Partnerarbeit zu einer Aufgabe vor. Im Klassengespräch wird die vorgeschlagene Lösung besprochen und gegebenenfalls verbessert bzw. erweitert. Aufgrund des Gesprächs verändern alle Schüler (soweit nötig) den Text auf ihrem Arbeitsblatt (Lösungen s. Stundenblatt). Der Lehrer gibt dann den Schülern als Hausaufgabe auf, den endgültigen Text ihres Arbeitsblatts unter der Überschrift „Marx' Religionskritik" ins Heft einzutragen.

Es ist von der Sache her notwendig, die Erkenntnisse über Marx' Religionskritik (die durch die Textarbeit und ihre Auswertung gewonnen sind) abschließend noch unter einem bestimmten Gesichtspunkt zu reflektieren. Dieser Gesichtspunkt ist das von Marx vorausgesetzte Religionsverständnis. Im Grunde geht es um die Frage, ob und inwieweit die Marxsche Kritik die Religion in ihrem Wesen – und nicht bloß ein Zerrbild von ihr – trifft. Das Unterrichtsgespräch, das hierüber geführt wird, muß folgendes herausarbeiten:

Marx' Kritik zielt augenscheinlich auf eine Religion
– die zwar in dieser Welt die schlimmen Zustände sieht, die Welt sogar als ein Jammertal versteht,
– die aber daraus keine Impulse für die Veränderung der Welt gewinnt, sondern vielmehr die Hoffnung auf eine bessere Zukunft ins Jenseits verlegt.

Es ist in Marx' Kritik weiterhin eine Religion vorausgesetzt, welcher der Zustand des „inneren Menschen" (Moralität, Spiritualität) alles bedeutet, der Zustand der Außenwelt jedoch wesentlich gleichgültig bleibt.

Es darf freilich bei einer solchen Charakterisierung des Marxschen Religionsverständnisses nicht übersehen werden, daß Marx auch das kritische Potential der Religion einbezogen hat, wie folgender Satz deutlich macht: Religion ist „in einem der Ausdruck des wirklichen Elends und in einem die Protestation gegen das wirkliche Elend". Gerade die Theologie der Befreiung versucht heute das von Marx zugestandene Protestationselement der Religion in einem genuin politischen Sinne wirksam werden zu lassen.

Hausaufgabe: Lesen des Textes von U. Neuenschwander, Friedrich Nietzsche (Mat. 24).

Vergabe eines Kurzreferats über „Die literarische Form des Hiobbuchs". Mögliche Textgrundlage: Paul Huber, Hiob – Dulder oder Rebell? Düsseldorf 1986, S. 16f.

23. Stunde:
Friedrich Nietzsche: „Gott ist tot."

A. Methodisch-didaktische Vorbemerkungen

Was es **existentiell** bedeutet, wenn Gott seine Gültigkeit verliert, das hat erst Nietzsche im ganzen Ausmaß und in wirklicher Tiefe erfahren und erkannt.

Feuerbach hatte die Auffassung vertreten, die Negation Gottes betreffe nur Gott als **Subjekt**, nicht aber die Prädikate Gottes. Das Sein Gottes könne bestritten werden, ohne deshalb die im Gottesbegriff enthaltenen Inhalte aufzugeben. Im Gegenteil sei es so, daß durch die Verneinung der Existenz Gottes die Bestimmungen des Absoluten wieder ihrem eigentlichen Subjekt zugeführt würden, dem Menschen. Nach Feuerbach läßt also der Verlust Gottes kein ideelles Vakuum entstehen, sondern es wird „nur" der Geltungsbereich der absoluten Bestimmungen verschoben – vom Jenseits zum Diesseits. Die Vernichtung des Jenseits stellt das Diesseits nicht in Frage, sondern sie gibt ihm absolute Potenz; sie befreit den Menschen von den Fesseln seiner Endlichkeit und setzt in ihm die Kräfte frei, die ihn zum wahren Menschsein befähigen. Während Feuerbachs Atheismus die Folgen der Vernichtung Gottes äußerst positiv beurteilt – die Nichtigkeit Gottes führt zur „Aufwertung" des Menschseins –, hat die Vernichtung Gottes im Horizont des

Marxschen Denkens überhaupt keine Folgen mehr. Da Gott nichts anderes als die ideelle Kehrseite oder Funktion der verkehrten materiellen Verhältnisse ist, „gibt" es ihn gerade so lange, wie diese Verhältnisse bestehen. Wird der verkehrte Weltzustand revolutioniert und zur intakten Wirklichkeit verändert, verschwindet die Idee „Gott" ganz von selbst, als sei sie nie dagewesen. Ihr Verschwinden hinterläßt keine Lücke, und an ihre Stelle tritt nichts, weil es ja allein der Mangel der Wirklichkeit war, der ihre Existenz – die Existenz der Idee „Gott" – begründete.

Marx' Deutung der Vernichtung Gottes, wohl auch die Deutung Feuerbachs, weist darauf hin, daß der lebenspraktische oder existentielle Bezug zum Transzendenten von vornherein fehlt. Für den erwachsenen Marx jedenfalls hat Gott immer nur die Bedeutung einer abstrakten Idee, der er keinen konkret-persönlichen Erfahrungsgehalt zuordnen kann; Gott ist für ihn ein leeres Wort. Und von Feuerbach gilt gewiß, daß er nur insofern einen Sinn für das Göttliche hat, als es profaniert erscheint. Dagegen ist Nietzsche ein „tief numinoser Mensch" (Neuenschwander, 134), der von der Vernichtung Gottes in der Mitte seiner Person betroffen wird. Das Bewußtsein, daß der geschichtliche Kairos des Todes Gottes gekommen ist, bewegt ihn leidenschaftlich, denn er weiß, daß in der endgültigen Auseinandersetzung um Gott der Sinn des Lebens auf dem Spiel steht. Die existentielle Betroffenheit, mit der Nietzsche in den Prozeß der Vernichtung Gottes eingreift, läßt ihn den Verfall Gottes in einem Licht sehen, das Feuerbach und Marx völlig verborgen geblieben ist. Nietzsche fühlt, aber er denkt es auch: Der Sturz Gottes führt unaufhaltsam in die Katastrophe des Abendlandes. Gott war der Wert aller Werte, die höchst lebendige Macht der platonisch-christlichen Weltanschauung,

und wenn nun der Wert aller Werte stürzt, dann bricht mit ihm das ganze geistig-kulturelle System zusammen. Was kommt, ist der **Nihilismus.** Denn „was bedeutet Nihilismus? – **Daß die obersten Werte sich entwerten** . . . Der **radikale Nihilismus** ist die Überzeugung von einer absoluten Unhaltbarkeit des Daseins, wenn es sich um die höchsten Werte, die man anerkennt, handelt, hinzugerechnet die **Einsicht,** daß wir nicht das geringste Recht haben, ein Jenseits oder ein Ansich der Dinge anzusetzen, das ‚göttlich‘, das leibhafte Moral sei" (F. Nietzsche, Der Wille zur Macht, I, Werke Bd. XV, 145). Freilich – die Katastrophe des Nihilismus ist nicht das letzte; aus der „Verdüsterung und Sonnenfinsternis, deren Gleichen. es wahrscheinlich noch nicht auf Erden gegeben hat", werden die „starken" und „freien" Geister bereits von „einer neuen Morgenröte angestrahlt" (F. Nietzsche, Die fröhliche Wissenschaft, Werke Bd. V, 164). Der Umsturz aller Werte war die Bedingung dafür, daß der Aufbau einer neuen, der wahren Wertewelt erfolgen kann.

Die „Sachanalyse" konturiert den Grundriß, nach dem die Stunde aufzubauen ist. Er besteht darin, daß den Schülern Nietzsches „Gott ist tot"-Philosophie in ihrem existentiellen Bedeutungsgehalt durch zwei Erkenntnisse oder Einsichten vermittelt wird. Zum einen muß deutlich werden, mit welcher Radikalität und in welcher Dimension Nietzsche die unmittelbaren Folgen des Todes Gottes sieht. Die Schüler sollen erkennen: Nietzsche beschreibt den Verlust Gottes als ungeheure Katastrophe, als Heraufkunft des Nihilismus. Zum anderen muß einsichtig werden, weshalb Nietzsche diese Katastrophe des Nihilismus zugleich als „Morgenröte" einer neuen Geschichte der Menschheit preist.

Um bei den Schülern den Sinn oder die

Empfänglichkeit für Nietzsches „Prophetie des Nihilismus" zu wecken, wird ihnen zunächst eine bildliche Gestaltung des Nihilismus-Themas vorgestellt, Edvard Munchs „Geschrei" (Mat. 25). Nietzsches Vision von den katastrophalen Folgen des Todes Gottes wird dann durch die Rede des „tollen Menschen" (Mat. 26) vergegenwärtigt und erarbeitet. Die Bilder, die der „tolle Mensch" seinen Zuhörern auf dem Markt vor Augen stellt, sind eindringlich und bestürzend, und ihre suggestive Kraft wird die Schüler gewiß berühren. Daß zugleich auch der zweite Aspekt von Nietzsches „Gott ist tot"-Philosophie, die Aussicht auf die „Morgendämmerung" der Menschheit, in den Blick kommt, ergibt sich aus der Rede des „tollen Menschen" von selbst. Gegen Ende der Rede schlägt die Beurteilung des Todes Gottes fast unvermittelt um: der Tod Gottes wird jetzt als der Anfang einer „Höheren Geschichte" der Menschheit verkündet. Der Widerspruch, der im Kontext der Rede zwischen den beiden Bewertungen des Todes Gottes augenscheinlich besteht, erfordert eine Klärung. Damit die klärenden Überlegungen von den Schülern selbst im Unterrichtsgespräch entwickelt werden können, müssen sie Gedanken Nietzsches gegenwärtig haben, die der Rede des „tollen Menschen" nicht direkt zu entnehmen sind. Zur Vorbereitung des Gesprächs haben sie daher zu Hause schon einen kurz, aber gleichwohl gründlich informierenden Sekundärtext (von U. Neuenschwander; Mat. 24) über Nietzsches „Gott ist tot"-Philosophie gelesen.

B. Ziele der Stunde

– E. Munchs Lithographie „Geschrei" soll als bildhafter Ausdruck seiner persönlichen Erfahrung des NICHTS und zugleich als Chiffre für die Situation des modernen Menschen verstanden werden.
– An Nietzsches „Gott ist tot"-Philosophie sind verschiedene Aspekte herauszuarbeiten. Die Schüler sollen wissen und begreifen,
a) daß Nietzsche die Tötung Gottes als Katastrophe beschreibt, in der alle Werte umstürzen und der Nihilismus heraufkommt,
b) daß er aber im Gegensatz dazu die Tötung Gottes auch als größtes Ereignis in der Geschichte der Menschheit feiert,
c) daß zwischen beiden Bewertungen eine Spannung, aber kein Widerspruch besteht, weil die Bewertung „Katastrophe" subjektiv das Leben der schwachen, in der platonisch-christlichen Kultur verhafteten Geister betrifft, die Bewertung „größtes Ereignis" dagegen objektiv die Morgendämmerung der Menschheit im Fortgang der Geschichte.

C. Stundenverlauf

Phase 1: Indem sich die Schüler in dieser ersten Phase eingehend mit der Lithographie „Geschrei" von Edvard Munch (Mat. 25) beschäftigen, sollen sie für Nietzsches „Prophetie" des Nihilismus, die einen Hauptaspekt seiner „Gott ist tot"-Philosophie bildet, sensibilisiert werden. Die Bildbetrachtung verläuft in vier Schritten:
Eingangs der Stunde kündigt der Lehrer an, daß ein Bild von E. Munch in das Thema der Stunde, den „Tod Gottes" bei Nietzsche, einstimmen soll. Den Titel des Bildes nennt er noch nicht. Über Munch gibt er den Schülern diese Information:

Edvard Munch, geb. 1863 in Loeiten bei Oslo, gest. 1944 in Ekely bei Oslo. Er versucht als einer der ersten, Grundsituationen menschlichen Lebens, besonders die bedrohlichen und abgründigen, im Bild darzustellen. Bei den Zeitgenossen findet Munchs (von einem Kritiker so genannte) „Seelenmalerei", die bildliche Gestaltung von Angst, Verzweiflung, Liebe, Leidenschaft, Trauer, Krankheit, Tod . . ., kein Verständnis; 1892 wird seine erste Ausstellung in Berlin zum Skandal und muß nach einer Woche geschlossen werden.

Den Bildtitel läßt der Lehrer in der Absicht ungenannt, daß die spontane und subjektive Zugangsmöglichkeit keine Einschränkung erfährt. Allerdings sind die Schüler durch ihre Kenntnis des Stundenthemas bereits auf eine bestimmte Perspektive festgelegt.

Nach der Kurzinformation über Munch läßt der Lehrer das Bild (Mat. 25) aufschlagen. Die Schüler schauen das Bild 2–3 Minuten in Stille an. Dann werden die ersten Eindrücke ausgetauscht (zu den möglichen Ergebnissen s. Stundenblatt). Von der noch unreflektierten, wesentlich subjektiv bestimmten Bildrezeption wird zu einer objektiveren Betrachtung übergegangen. Der Lehrer fordert die Schüler auf, möglichst genau zu beschreiben, was sie auf dem Bild sehen und erkennen. Ein Schüler fängt mit der Beschreibung an, die anderen ergänzen. Im Ergebnis sollte die Beschreibung ungefähr so ausfallen:

In der Mitte des Vordergrunds steht eine Gestalt, halb so groß wie das Bild hoch ist, ihre Beine sind oberhalb der Knie vom unteren Bildrand abgeschnitten. Die Gestalt hat Mund und Augen weit aufgerissen und die Hände an den Kopf (gegen die Ohren) gepreßt, den Körper drückt sie in leichter Krümmung gegen ein wuchtiges Brückengeländer. Das Geländer zieht sich in starker Verkürzung von rechts unten zur Mitte des linken Bildrands, wo zwei kleine Gestalten – Männer mit Hüten – stehen oder vielleicht auch gehen.

Hinter und über dem Brückengeländer erstreckt sich in einem dreieckigen Ausschnitt eine leicht hügelige Landschaft. In sie eingebettet ist eine Seezunge, die sich von links her ins Bild schiebt. Auf dem Wasser befinden sich zwei Boote mit kreuzartigen Masten. Die Zone jenseits der Horizontlinie – der Himmel – füllt das ganze obere Bilddrittel aus.

Im Bild ist nichts en détail bezeichnet. Große und grobe Linien bestimmen die Gestaltung. Obwohl außer den schwingenden Linien der Landschaft und der Gestalt im Vordergrund auch die geraden Linien z.B. der Brücke formgebend sind, erweckt das Bild insgesamt doch den Eindruck, daß alles von einer großen Bewegung erfaßt ist.

Der letzte Schritt der Bildbetrachtung zielt schließlich darauf ab, im Unterrichtsgespräch die Bildaussage nach und nach zu entfalten. Die Fragen des Lehrers geben dem Gespräch die entsprechende Struktur. Die Deutung setzt an bei der Situation der Gestalt im Vordergrund; weitergehend befragt sie den Zusammenhang zwischen dieser Gestalt und ihrer Umgebung; danach nimmt sie Bezug auf den Bildtitel „Schrei" oder „Geschrei", den der Lehrer jetzt bekanntgibt, und problematisiert ihn; und am Ende versucht sie, die eigentliche Bildaussage auf den Begriff zu bringen. Um eine Fehlinterpretation zu vermeiden, ist es wichtig, daß im erarbeitenden Gespräch auf jeden Fall klar herauskommt: Nicht die Gestalt im Vordergrund schreit, sondern der Schrei geht von der Natur aus. Der Schrei muß „ungeheuer" sein, denn Mimik und Gestik der Gestalt signalisieren höchste Not. Wenn die Schüler diesen entscheidenden Punkt der Interpretation nicht mitvollziehen wollen, kann der Lehrer eine autobiographische Äußerung Munchs zitieren, in der der Künstler das Erlebnis schildert, das ihn zu dem Bild veranlaßt hat:

„Ich ging mit zwei Freunden die Straße entlang. Die Sonne ging unter, und der Himmel färbte sich blutrot. Ein Hauch von Melancholie befiel mich. Ich blieb stehen und stützte mich todmüde auf das Geländer (neben der Straße). Über der Stadt und dem schwarzblauen Fjord schwebten die Wolken wie Feuerzungen. Ich stand wie angewurzelt (gelähmt) und zitterte vor Angst. Mir war plötzlich, als hörte ich den ungeheuren, unendlichen Schrei der Natur ausbrechen…“ (zit. nach P. Fischer, Edvard Munch: Geschrei, 10).

Phase 2: Die Deutung von Munchs Bild hat im Kern erbracht, daß hier die zutiefst erschütternde existentielle Erfahrung des Nichts gestaltet ist, die einem einzelnen in der Begegnung mit der Natur widerfährt. Der Lehrer weist nun darauf hin, daß die Situation, die im Bild vergegenständlicht ist, über das Individuelle und Persönliche hinaus die Wirklichkeit des modernen Menschen spiegelt. Es ist, so der Lehrer weiter, für die neue und die heutige Zeit charakteristisch, daß sie im Fraglos-Gültigen der Vergangenheit nicht mehr verwurzelt ist und das bisher Selbstverständliche oder Grundlegende – und sei es das Heiligste gewesen – plötzlich in den Sinnlosigkeitsverdacht gerät. An dieser Stelle kann er dann auf Nietzsche zu sprechen kommen, indem er ihn als hellsichtigen Verkünder des Verfalls der christlich-abendländischen Kultur einführt: Nietzsche habe in aller Deutlichkeit erkannt, daß die Vernichtung Gottes zugunsten einer positivistischen oder sozialistischen Fortschrittsgläubigkeit nicht herrliche Zeiten heraufbringe, sondern den Umsturz aller Werte, den Sturz in den Nihilismus. Der Lehrer beschließt die Hinführung zu Nietzsche damit, daß er sein Leben skizziert. Die Hauptdaten hält er an der Tafel fest und läßt sie von den Schülern ins Heft übernehmen (s. Stundenblatt).

Phase 3: Um Nietzsches Botschaft vom Tod Gottes zu erarbeiten, wird der berühmte Text „Der tolle Mensch“ (Die fröhliche Wissenschaft 125; Mat. 26) eingesetzt. Der Text muß, damit seine Rhetorik voll zur Geltung kommt, laut gelesen werden, am besten vom Lehrer selbst. Nach der Lektüre haben die Schüler Gelegenheit, sich spontan zu äußern. Vermutlich bringen sie zum Ausdruck, daß sie die Sprache des Textes eindrucksvoll finden; es kann aber auch sein, daß sie sie „übertrieben“ nennen. Außerdem werden die Schüler ziemlich sicher die Frage stellen, warum es gerade ein „toller Mensch“ ist, der den Tod Gottes verkündet, und es wird ihnen seltsam erscheinen, daß dieser „tolle Mensch“ bei Tag mit einer Laterne auf dem Markt herumläuft. Wenn die spontanen Äußerungen alle gesammelt sind, läßt der Lehrer die Frage nach dem „tollen Menschen“ und dessen Auftreten mit der Laterne zuerst einmal von der Klasse beantworten. Den entscheidenden Hinweis zum Verständnis muß er dann aber selbst geben:

Der „tolle Mensch“ ist offenkundig dem griechischen Philosophen Diogenes von Sinope nachgestaltet. Neben vielen anderen Anekdoten war über ihn auch diese in Umlauf: „Er zündete bei Tage ein Licht an und sagte: ‚Ich suche einen Menschen.‘“ (Diogenes Laertius VI, 41). Wie die jüdischen Propheten benutzte Diogenes die Zeichenhandlungen, um die Massen auf sich aufmerksam und seine Lehre anschaulich zu machen. Im Grunde kann man Diogenes' ganzen Lebenswandel als eine einzige große Zeichenhandlung verstehen. Er verzichtete auf jeden Besitz und Luxus und lebte als Bettler von den Almosen, die für ihn abfielen. Entsprechend erhielt er den Beinamen „kyon“, „Hund“. Diogenes' radikale Bedürfnislosigkeit war aber nur das äußere Bild dessen, was er ideell erstrebte: „Unabhängigkeit von jedem Vorurteil, Umwertung der bestehenden Anschauungen, resp. Gleichgültigkeit gegen die gewöhnlichen Werte des Lebens, auch gegen die ethischen, z. B. die Vaterlandsliebe" (Lübker – Geffken – Ziebarth, Reallexikon des klass. Altertums, [8]1914, zit. nach: H. Lamer, Wörterbuch der Antike, 421).

Sind die Fragen, die sich bei der Textlektüre spontan ergeben haben, soweit wie nötig geklärt, beginnen die Schüler, den Text in Einzelarbeit zu analysieren. Der Arbeitsauftrag ist zweiteilig: zum einen sollen die Schüler die Bilder reformulieren und deuten, in denen der „tolle Mensch" die Folgen des Todes Gottes verkündet, zum anderen sollen sie feststellen, welche „historische" Bedeutung der „tolle Mensch" dem Tod Gottes zuschreibt. Die Ergebnisse der Einzelarbeit werden an der Tafel gesammelt (zum TA s. Stundenblatt).

Phase 4: Die Textarbeit hat auf einen Gegensatz in der Rede des „tollen Menschen" aufmerksam gemacht, der beim ersten Hinsehen als Widerspruch erscheinen könnte: Die Bilder, mit denen der „tolle Mensch" die Folgen des Todes Gottes ausmalt, lassen keinen Zweifel: der Tod Gottes ist eine ungeheure Katastrophe für die Menschen. Gleich danach aber verkündet der „tolle Mensch" die Tötung Gottes als die größte Tat in der bisherigen Geschichte der Menschheit.
Im Unterrichtsgespräch muß geklärt werden, ob und in welchem Sinne beide Bewertungen zusammen bestehen können. Erst wenn diese Frage ausdrücklich beantwortet ist, haben die Schüler das Entscheidende von Nietzsches „Gott ist tot"-Philosophie verstanden. Die Lösung des scheinbaren Widerspruchs sollte ohne allzu große Schwierigkeiten möglich sein, da sie in dem Text von U. Neuenschwander (Mat. 24), den die Schüler als Vorbereitung zu Hause gelesen haben, ausgeführt ist (zum Ergebnis des Gesprächs s. Stundenblatt). Ganz zum Schluß sollte der Lehrer noch das Stichwort „Übermensch", das im Gespräch gewiß gefallen ist, aufgreifen und die Frage stellen: Ist der Übermensch Prometheus? Ziel ist es nicht, die Frage auszudiskutieren (dafür bliebe auch gar keine Zeit), sondern den Schülern einen Impuls zu geben, wie schon bei Feuerbach und Marx den ideengeschichtlichen Zusammenhang zu sehen.

24. Stunde:
Jean-Paul Sartre: Freiheit oder Gottesglaube

A. Methodisch-didaktische Vorbemerkungen

Jean Paul Sartre ist ein Hauptvertreter des Existentialismus. Die Existenzphilosophie ist erst in unserem Jahrhundert systematisch entfaltet worden, Ansätze zu ihr finden sich aber bereits zu Beginn des 19. Jahrhunderts etwa bei F. W. J. Schelling oder F. Schlegel, und die entscheidenden Impulse für ihre Entwicklung kamen wenig später von S. Kierkegaard.
Wenn Kierkegaards Existenz**theologie** den Weg zum philosophisch entfalteten Existentialismus bereitet hat, dann ist das ein Indiz dafür, daß dieser nicht an sich atheistisch ist. Und in der Tat gibt es ja neben dem Gott negierenden Existentialismus Sartres den „metaphysischen" Existentialismus eines K. Jaspers oder G. Marcel. Die Offenheit des Existentialismus, sich auf die Transzendenz hin oder gegen sie auszurichten, kann aus seinem Begriff erklärt werden: Wie schon der Name sagt, steht im Mittelpunkt des existentialisti-

schen Denkens die menschliche Existenz. Was der Mensch ist und wie er sein soll, das ist nicht vom Allgemeinen her zu begreifen oder aus einer Idee abzuleiten, sondern das muß der je einzelne in seiner konkreten, einmaligen geschichtlichen Existenz aus und an sich selbst erhellen. Der Mensch, der auf die Weisen seines Daseins reflektiert und der eigenen Existenz nachspürt, sieht sich in allen Dimensionen seines Lebens – in der Vergangenheit, Gegenwart und Zukunft – konfrontiert mit dem Nichts. Doch er erfährt auch, daß er sich gegen das Nichts durch den Vollzug seiner Freiheit behaupten kann. Er ist angesichts des Nichts dazu aufgerufen, sich in freier Entscheidung als Existenz zu vollziehen, d. h. er selbst zu werden und zu sein. Die freie Entscheidung für das eigene Selbstsein ist ein Akt mit absolutem Charakter, erstens (formal), weil er nicht aus der Existenz ableitbar ist, sondern die Existenz erst begründet, zweitens (inhaltlich), weil in ihm das Verhältnis des Selbst zum Absoluten entschieden wird. Der einzelne, der sich in Freiheit selbst ergreifen und als Existenz vollziehen will, muß seine Freiheit definieren; er kann sich entweder als absolute Freiheit bestimmen, die sich allein durch sich selbst verwesentlicht – oder als hingeordnete Freiheit, die sich zu ihrer Verwesentlichung in die Transzendenz hinein überschreitet. Diese existentielle Selbstbestimmung der Freiheit mag durch Reflexion vorbereitet werden, aber sie ist nicht direkt die Folge von Überlegungen. Die freie Entscheidung für oder gegen die Transzendenz reicht immer über das hinaus, was das vernünftige Denken begründen kann. Die Wahrheit der existentiellen Selbst-Bestimmung muß sich in der Praxis erweisen: Die Existenz des einzelnen ist dann verantwortete und wahre Existenz, wenn er seine Selbst-Bestimmung, die Entscheidung für die eigene oder die transzendente absolute Freiheit, durch ein entsprechendes Leben verwirklicht.

Für den Existentialisten haben also der Wille und die Freiheit prinzipiell den Vorrang vor der Reflexion. Bei Sartre kommt die Priorität deutlich zum Ausdruck. Er stellt seinen Grundsatz, daß die Existenz der Essenz vorausgeht, auf, ohne daß er ihn eigentlich zu beweisen versuchte. Er deutet zwar an, wie eine ontologische Argumentation zu verlaufen hätte. Sie hätte zu zeigen, daß Gott nicht existiert und aus der Nichtexistenz Gottes dann die Folgerung für die Existenz des Menschen zu ziehen. Aber ein solcher Beweisgang wäre überflüssig. Die Gültigkeit des Grundsatzes hängt nicht von seiner Demonstration ab, sondern von einer freien Entscheidung des einzelnen. Der Mensch erfährt sich als in die Welt geworfene Freiheit, und angesichts dieser Erfahrung entscheidet er, daß er nichts anderes ist, als wozu er sich macht. Ist einer einmal seiner absoluten Freiheit bewußt und hat er sich für sie entschieden, dann ist die Frage nach der Existenz Gottes für ihn keine wesentliche Frage mehr. Er hat sich unabhängig von Gott definiert, und gäbe es auch Gott, so wäre er mit seiner Freiheit schon immer über Gott hinaus. Der Existentialismus Sartres ist ein Atheismus in dem Sinne, daß er erklärt: „Selbst wenn es einen Gott gäbe, würde das nichts ändern... Der Mensch muß sich überzeugen, daß ihn nichts vor ihm selber retten kann, wäre es auch ein gültiger Beweis der Existenz Gottes" (s. Mat. 27).

Den Unterrichtsgegenstand ausführlicher zu analysieren schien angebracht, da der Existentialismus allgemein, besonders aber der Existentialismus Sartres nicht selten erheblich mißverstanden wird. Die methodisch-didaktischen Aspekte, die bei der Vermittlung des Stoffes an die Schüler berücksichtigt oder reflektiert werden

müssen, sollen zum Schluß wenigstens genannt sein:
– Die Schüler haben zwar meist schon von Sartre gehört, aber sie kennen sein Leben und Werk nicht näher. Der Lehrer sollte deshalb am Anfang der Stunde in einem kurzen Referat Grundinformationen über Sartre geben.
– Wenn man sich mit Sartres Existentialismus beschäftigt, besteht immer die Gefahr, ihn weitgehend durch Schlagworte verstehen zu wollen. Daher ist darauf zu achten, daß die Schüler die für Sartres Existentialismus charakteristische Denkbewegung (vom ersten Grundsatz zu den existentiellen Konsequenzen) wirklich nachvollziehen können. Die Textauszüge sind so auszuwählen, daß der Zusammenhang des Denkens gewahrt bleibt, und der Arbeitsauftrag muß die Schüler dazu anleiten, die Denkstruktur des Textkorpus nach den maßgeblichen Gedankenschritten zu erfassen.
– Sartres Grundsatz und Ansatzpunkt, der Mensch wähle absolut frei sein Wesen, führt nur dann zu einem „Humanismus", wenn die Möglichkeit des Bösen ausgeschlossen werden kann. In einer kritischen Betrachtung ist zu Ende der Stunde herauszuarbeiten, daß Sartre gegen die Konsequenz seines Denkens verstoßen muß, um die existentielle Wahl des Menschen auf das Gute festlegen zu können.

B. Ziele der Stunde

Die Schüler
– kennen Sartres Leben und Werk im Grundriß,
– können seinen (ethischen) Existentialismus in den wesentlichen Gedankenschritten darstellen,
– begreifen, daß Sartre zugunsten der Idee des Humanismus die Logik seines Existentialismus in Frage stellt.

C. Stundenverlauf

Phase 1: Der Lehrer gibt einen kurzen Überblick über Sartres Leben und Werk, in dem folgende Angaben enthalten sein sollten:

Jean-Paul Sartre, geb. 1905 in Paris, gest. 1980 in Paris. Studium der Philosophie und Literaturgeschichte. Lehrer für Philosophie, seit 1945 freier Schriftsteller. Begründete zusammen mit Albert Camus den französischen atheistischen Existentialismus (Hauptwerke: Das Sein und das Nichts; Kritik der dialektischen Vernunft). Als Dramatiker setzte er seine philosophische Theorie poetisch um (z.B. in: Die Fliegen; Hinter verschlossenen Türen; Der Teufel und der liebe Gott). 1964 Ablehnung des Nobelpreises. Sympathisierte mit dem klassischen Marxismus, kritisierte aber (teils vehement) den realen Kommunismus in der gegenwärtigen Form. Lebensgefährte der Schriftstellerin Simone de Beauvoir.

Phase 2: Ein Zitat aus Sartres Drama „Der Teufel und der liebe Gott" dient als Impuls, um im Unterrichtsgespräch eine erste Annäherung an Sartres philosophisch-theoretische Position zu finden. Der Lehrer zitiert den Satz: „Wenn Gott existiert, ist der Mensch ein Nichts, wenn der Mensch existiert..." (J.-P. Sartre, Gesammelte Dramen. Reinbek bei Hamburg 1969, 360).

Der Held des Stücks, der Landsknechtführer Götz, spricht diesen Satz im Dialog mit seinem Gegenspieler, dem Armenpriester Heinrich, aus, nachdem seine Lebensentwürfe, sowohl der Versuch, radikal böse zu leben, als auch der Versuch, radikal gut zu leben, beide gescheitert sind. Götz' These ist die konsequente Folgerung aus seiner Erfahrung des Scheiterns. Seine Versuche der Selbstverwirklichung waren, obwohl sie sich diametral zueinander verhalten, jeweils auf den Faktor Gott abgestellt oder gegründet. Als Götz seine Existenz durch das Böse definiert, fühlt er sich als Widersacher Gottes. Er will die Einmaligkeit seiner Existenz erreichen, indem er sich gegen das absolute Prinzip ausrichtet und wie eine Art Teufel auf Erden lebt. Sein Anspruch, durch das Tun des Bösen so einzigartig geworden zu sein, daß die Hölle für ihn allein reserviert sein müßte, wird freilich von Heinrich desavouiert. Dieser bringt ihm zu Bewußtsein, daß die Menschen überhaupt nichts anderes tun können – als das Böse. Gott selbst habe es „gewollt, daß das Gute auf Erden unmöglich sei" (a.a.O., 305). Aus der Einsicht, im Böse-Handeln im Grunde nur das getan zu haben, was alle Menschen tun, entsteht dann Götz' Entschluß, dort seine Existenz einmalig zu verwirklichen, wo bis jetzt die Menschheit gescheitert ist: im Tun des Guten: „Ich war ein Verbrecher, ich wandle mich, ich drehe meine Weste um, und – was wollen wir wetten? – es wird noch ein Heiliger aus mir" (a.a.O., 306). Heinrich, mit dem Götz die Wette abschließt, will nach einem Jahr wiederkommen, um zu prüfen, was Götz erreicht hat. Verstand sich Götz im Bösen als Gegenspieler Gottes, so versteht er sich nun als Mitspieler Gottes. Er will das Gute im Horizont eines authentischen Christentums durchsetzen, das aber bedeutet: sein Leben und das seiner Mitmenschen soll von der Liebe geleitet sein. Götz verschenkt die Güter, die ihm durch den Tod seines Bruders zugefallen sind, an die Bauern, und er gründet mit diesen eine christliche Siedlung, die Sonnenstadt. Es gelingt ihm tatsächlich, daß die Bewohner der Stadt ganz nach der christlichen Nächstenliebe – ohne Egoismus und Gewalt – leben und hierdurch zu glücklichen Menschen werden. Die Stadt ist ein Ort des Friedens, aber sie führt ein Inseldasein, das ihr zum Verhängnis wird. Ringsum rebellieren die Bauern gegen ihre Herren, weil die Adligen gar nicht daran denken, es Götz gleichzutun und ihre Güter zu verteilen. Götz wird von den Aufständischen aufgefordert, sich an die Spitze ihres Heeres zu stellen. Doch der lehnt seit seiner Entscheidung für das Gute jede Gewalt ab. Um den Krieg zwischen Adel und Bauern zu verhindern, geht er ins Lager der Aufständischen und sucht die Menschen dort zu überzeugen, daß ein Sieg über die gut organisierten Truppen der Feudalherren nicht möglich ist. Während seiner Abwesenheit wird die Sonnenstadt vernichtet; weil die Bewohner wie Götz die Gewalt verurteilen und nicht mit in den Krieg ziehen wollen, metzeln sie bewaffnete Bauern nieder und verbrennen die Siedlung. Damit ist Götz auch im Guten gescheitert, und Gott, den er in seiner Verzweiflung anruft, gibt keine Antwort. Was Götz im Namen Gottes versucht hat, hat sich als ebenso sinnlos erwiesen wie das, was er gegen Gott versucht hat.

Die Informationen zum Drama, die eine Einordnung des Zitats erlauben, soll der Lehrer, zunächst wenigstens, nur dann an die Schüler vermitteln, wenn sie von sich aus entsprechende Fragen stellen. Von der Planung her sollen die Schüler sich unvoreingenommen und spontan, d.h. ohne Kenntnis des dramatischen Kontextes, mit dem Zitat auseinandersetzen. Im zusammenhanglosen Sich-Äußern können sie ihr Vorverständnis des Problems, das den Mittelpunkt des Stundenthemas bildet, artikulieren und damit die Anknüpfungspunkte finden, die für das gründliche Verstehen von Sartres Existentialismus hilfreich sind. Ob der Lehrer nach dem freien Besprechen des Zitats dieses doch noch mit Bezug auf die Dramenhandlung erschließen will, muß mit Blick auf die Klasse entschieden werden. Einer Klasse, die beim Erarbeiten philosophisch-theoretischer Texte Mühe hat, kommt es gewiß

entgegen, wenn der Lehrer vor der Textanalyse in Phase 3 Sartres Auffassung von
der Existenz Gottes und des Menschen
anhand der Dramenhandlung anschaulich
macht. In diesem Fall wird es aber kaum
möglich sein, die Textarbeit in derselben
Stunde noch zu Ende zu bringen.

Phase 3: Die Schüler lesen still die Auszüge
aus Sartres Essay „Ist der Existentialismus ein Humanismus?" (Mat. 27). Wenn
sie zu Ende gelesen haben, erklärt der
Lehrer die Begriffe „Essenz" und „Existenz" (s. Stundenblatt). Den Begriff
„Existenz" kennen die Schüler zwar, aber
vielleicht nicht in dem präzisen Sinne, der
für das Textverständnis notwendig ist. Das
Wort „Existentialismus" ist den Schülern
aus dem einführenden Lehrervortrag
(Phase 1) so weit geläufig, daß sie es als
Name für die von Sartre mitbegründete
philosophische Richtung auffassen. Mehr
brauchen sie für die Textarbeit nicht zu
wissen; die inhaltliche Bedeutung des
Worts ergibt sich ja gerade aus der Text-
untersuchung. Da Sartre das Verhältnis
von Essenz und Existenz im genauen Gegensatz zur klassischen Metaphysik bestimmt, verstehen die Schüler Sartres Position gewiß leichter, wenn der Lehrer, zusätzlich zu den Begriffsklärungen, die tra-
ditionelle Auffassung des Verhältnisses
noch kurz umreißt (zum Inhalt s. Stundenblatt).
Die Schüler sind nun genügend vorbereitet, um die Auszüge aus dem Essay selbständig zu analysieren. Sie erhalten den

Arbeitsauftrag, den Gedankengang des
Textes auf die Hauptaussagen zu reduzieren und diese in ihrer logischen Verknüpfung wiederzugeben. Da der Arbeitsauftrag nicht einfach ist, wird als Sozialform
die Partnerarbeit gewählt.
Die Auswertung der selbständigen Textarbeit erfolgt in der bewährten Weise: Der
Lehrer übernimmt einen Lösungsvorschlag
an die Tafel, und dieser Lösungsvorschlag
wird dann aufgrund der anderen Lösungen
solange verändert und ergänzt, bis ein an-
nehmbares Endergebnis entstanden ist (s.
Stundenblatt).

Phase 4: Zum Abschluß der Stunde wird
im Unterrichtsgespräch erörtert, inwieweit
Sartres existentialistische Konzeption
überzeugend ist. Hierbei muß deutlich
werden, daß Sartre seinen Existentialismus nur deshalb als Humanismus auswei-
sen kann, weil er gegen die eigene Logik
verstößt. Wenn meiner Existenz wirklich
keine Bestimmung vorausgeht, dann ist es
gleichermaßen möglich, meine Essenz auf
das Böse oder auf das Gute hin zu schaffen. Um diese Indifferenz zu vermeiden,
führt Sartre eine Prämisse ein, die der be-
haupteten Voraussetzungslosigkeit meiner Existenz widerspricht, nämlich: „Was
wir wählen, ist immer das Gute". Die Begründung der eingeführten Prämisse läuft
auf Kants kategorischen Imperativ hinaus: „Handle so, daß die Maxime deines
Willens jederzeit zugleich als Prinzip einer allgemeinen Gesetzgebung gelten könne" (Kritik der praktischen Vernunft § 7).

Zwischen Gottesglauben und Atheismus

25./26. Stunde:
Hiob – abrahamisch Glaubender oder prometheischer Rebell?

A. Methodisch-didaktische Vorüberlegungen

Nach der ersten Stunde, die im Zusammenhang mit einer Glaubensbiographie zugleich Aspekte des Unglaubens vor Augen geführt hatte, wurden Gottesglaube und Atheismus in zwei selbständigen Teileinheiten erarbeitet. Gleichwohl waren die Teileinheiten deutlich erkennbar und für die Schüler einsichtig durch ein analoges Element aufeinander bezogen und miteinander verknüpft: Gottesglaube und Atheismus wurden durch eine urbildliche Betrachtung als Grundtypen menschlicher Sinnentscheidung erschlossen; die Sinnentscheidung des Gottesglaubens wurde von der Gestalt des Abraham her verdeutlicht, die Sinnentscheidung des Atheismus von der Gestalt des Prometheus her. Jetzt – am Ende der Unterrichtseinheit – muß die unmittelbare Auseinandersetzung zwischen Gottesglauben und Atheismus, die eingangs als Problem aufgerissen worden war und die in die Analyse der einen und der anderen Sinnentscheidung hineingeführt hatte, wieder aufgegriffen werden. Hierbei ist zu bedenken: Gerade weil bei der abschließenden Auseinandersetzung das Erkenntnisinteresse feststeht, sollte sie soweit wie möglich „dialektisch" vor sich gehen. Methodisch bestünde die Möglichkeit, in einer Art großer Zusammenschau die Ergebnisse aus den Teileinheiten direkt anzuwenden, d. h. aufeinander zu beziehen

und miteinander zu vergleichen. Sätze des Atheismus würden kritisch reflektiert aufgrund gegenläufiger Sätze des Gottesglaubens, und umgekehrt. Konkret bedeutete das etwa, daß der atheistischen Aussage „Menschliche Freiheit ist nur ohne Gott möglich" Beispiele biblischer Freiheitserfahrung entgegengestellt würden usw. Bei diesem Verfahren müßte der Lehrer in erheblichem Maße steuern und Hilfestellung geben, damit die entscheidenden Punkte zur Sprache kämen und angemessen beurteilt würden; fraglich bliebe dennoch, ob sich aus der Summe punktueller Erkenntnisse das Wesentliche im Verhältnis von Gottesglauben und Atheismus so klar ergäbe, daß es den Schülern mit Nachdruck vermittelt werden könnte. Es ist also für den Schluß der Unterrichtseinheit ein anderer Weg angezeigt. Unabhängig von dieser besonderen methodischen Überlegung ist ein anderer Weg aber auch grundsätzlich im Sinne einer organischen Gesamtkonzeption der Unterrichtseinheit gefordert: Die Idee, den Wesenszug von Gottesglauben und Atheismus jeweils vor den detaillierten Untersuchungen an einer urbildlichen Gestalt herauszuarbeiten, zielt natürlich darauf hin, am Ende den Konflikt zwischen den beiden Möglichkeiten menschlicher Existenz ebenso durch eine urbildliche Gestalt auszuloten. Diese dritte urbildliche Gestalt wird nicht zufällig in Hiob, dem furchtbar leidenden Gerechten, gefunden. Die Existenzform, die ein Mensch gewählt hat, steht solange nicht in Frage, als das Leben glückt. Wenn aber Leid und Unglück über den Menschen hereinbrechen, ist seine Sinnentscheidung in äußerster Weise auf die Probe gestellt. Trägt sie ihn, und wie trägt sie ihn? Bleibt der Sinn bestehen, oder bricht er zusammen...? Das Leiden des Menschen ist der Erfahrungsbereich, in dem sich die existentielle Gültigkeit und Wahrheit von Gottesglauben und Atheismus am schärfsten abzeichnen.

Für Hiob, den Gottgläubigen, ist es kennzeichnend, und das begründet das Urbildliche seines Verhaltens im Leid, daß er nicht einfach an seiner Sinnentscheidung festhält. Die andere Möglichkeit der Sinnentscheidung, die Ablehnung Gottes, die in Hiobs glückendem Leben als völlig ausgeschlossen und als extremer Gegensatz erschien, rückt ihm nun plötzlich nahe, ja sie wird geradezu ein integraler Bestandteil seines Verhaltens. Hiob zeigt ein doppeltes Gesicht – er fügt sich Gott und er rebelliert gegen ihn, er vertraut auf Gott und er verzweifelt an ihm.

In der Geschichte der Deutung des Hiobbuches ist die Doppelgesichtigkeit Hiobs immer wieder einseitig aufgelöst worden. Der Koran preist Hiob als Muster der Geduld und Ergebung, und auch innerhalb der Kirche wurde und wird er gerne als glaubensstarker Dulder, als Vorbild des von Gott geprüften Menschen herausgestellt. „Der Herr hat's gegeben, der Herr hat's genommen" – diese Worte sind oft die erste Assoziation, die zu Hiob einfällt. Eine solche Verkürzung Hiobs hat freilich nicht immer den Zweck, die religiösen Zweifler ruhigzustellen. Sie kann auch umgekehrt dazu dienen, den Gottesglauben massiv anzugreifen. Das ist der Fall in Fritz Zorns Buch „Mars". „Fritz Zorn" – der Name ist das Pseudonym eines krebskranken jungen Mannes allerbester Herkunft, der, vom Tod gezeichnet, angesichts seines ungelebten Lebens der lebensfeindlichen bürgerlichen Gesellschaft den Krieg erklärt – protestiert vehement gegen „die allgemein beliebte Tendenz, alles um jeden Preis sinnvoll zu finden". Wenn man von der Existenz des Sinns überzeugt sei, dann müsse man auch von der Existenz des Unsinns oder der Sinnlosigkeit überzeugt sein. In das offenkundig Sinnlose einen Sinn hineinlegen zu wollen, sei eine „Pervertierung des Begriffs ‚Sinn‘", die besonders das Christentum zu verantworten habe. Das „christliche Dogma" lehre: Auch Leid und Unglück sind „gottgewollt und sinnvoll – bloß verstehen wir diesen Sinn nicht". Beispielhaft sei diese Pervertierung des Sinnbegriffs bei dem alttestamentarischen Hiob vorgezeichnet. In seinem ganzen Elend komme er nicht auf die Idee, Stellung zu beziehen und gegen Gott zu rebellieren, sondern er tröste sich mit dem Sinn des Sinnlosen und kusche...

Der marxistische Philosoph E. Bloch hat in einer aufregenden Analyse des Hiobbuches die Verkürzung Hiobs aufs Dulden und Sich-Ergeben zurückgewiesen und statt dessen den Rebellen Hiob, den „titanischen Herausforderer der Gottheit" zum Vorschein gebracht. Die Schärfe, mit der Bloch den anderen Hiob zeichnet, erreicht er freilich auch nur um den Preis der Einseitigkeit. Für Bloch ist Hiobs Haltung des Gottvertrauens und der Gottergebenheit bloß das Merkmal der Rahmenerzählung, des sog. Volksbuchs; der Dichter des Hiobdramas dagegen habe seinen Helden ganz und gar als biblischen Prometheus angelegt, hier sei „lauter Angriff gegen Gott". Im Grunde habe der Hiob des Volksbuchs mit dem Hiob der Dichtung nur den Namen gemeinsam, von der Sache her bestehe ein unüberbrückbarer Gegensatz zwischen beiden. Wenn der Dichter des Dramas gleichwohl das Volksbuch als Rahmen gewählt habe, dann deshalb, um seine Häresien zu decken.

Einen Gegensatz zwischen dem duldenden Hiob der Rahmenerzählung und dem rebellierenden Hiob der Dichtung stellt auch die historisch-kritische Exegese fest;

doch in der Bewertung und Erklärung des Gegensatzes kann sie Bloch nicht folgen. C. Westermann etwa hat herausgearbeitet, daß das Hiobdrama (vielleicht von einem Redaktor, wahrscheinlich aber schon vom Dichter selbst) **nicht** in den Rahmen des Volksbuches gefügt worden ist, um einen ketzerischen Inhalt – die Rebellion gegen Gott – ungefährdet ausdrücken zu können, sondern daß die Zusammenfügung des Widersprüchlichen gerade die eigentliche Aussage enthält. Der Gegensatz soll dem Leser sagen: Im äußersten Leid kann ein Mensch im Sich-Fügen **und** im Sich-Auflehnen das (auch nach göttlichem Urteil) angemessene Verhältnis zu Gott finden. Hiob zieht aus der gültigen Gottesvorstellung aus, weil er sich selbst, seine Unschuld, nicht verleugnen will, aber sein Auszug führt ihn hinein in eine komplexere Gottesbeziehung, in der ein Glaube an Gott gegen Gott möglich ist.

Die sachbestimmte Gedankenfolge, in der die existentielle Dimension von Hiobs Schicksal und die Problematik der Hiobdeutung dargelegt worden sind, bietet sich von selbst auch für den Aufbau der Doppelstunde an. Ausgestaltet wird diese Grundstruktur am Leitfaden methodisch-didaktischer Überlegungen, die noch kurz zu umreißen sind:

– Um in die Hiob-Thematik einzuführen, wird nicht unmittelbar von Hiobs Schicksal, sondern von dem Schicksal des 30jährigen Fritz Zorn ausgegangen. Die Kennzeichen dieses Schicksals – Milieuschädigung, Depression, Neurose, Krebs – können die Schüler auf Anhieb leichter mit ihrer Erfahrungswelt verknüpfen als die Vorgänge in Hiobs Schicksal. Überdies dürfte die Art von Zorns Leidbewältigung, sein heftiges Zurückweisen einer christlichen Sinndeutung, in besonderer Weise motivieren, sich mit den existentiellen Fragen, die aus menschlichem Elend herkommen, auseinanderzusetzen.

– F. Zorn macht am Beispiel des atl. Hiob deutlich, weshalb er die christliche Praxis der Leidbewältigung ablehnt. Es braucht daher nur diese Stelle aufgegriffen zu werden, um zur Hiob-Thematik (im engeren Sinne) überzuleiten.

– Zorn legt Hiob einseitig aufs Dulden fest. Diese Deutung wird zurechtgerückt, indem Texte von Bloch und Westermann erarbeitet werden. Sinnvoll ist es freilich, schon vor der Textarbeit den anderen Hiob, den Rebellen bzw. den Doppelgesichtigen, in den Blick zu bringen; damit wird das Textverständnis erleichtert. Ein solcher Vor-Blick ist möglich durch eine Bildbetrachtung.

– Da die Schüler in der Regel Hiobs Schicksal allenfalls vage und das Hiobbuch gar nicht kennen, sind entsprechende Informationen durch Lehrer- bzw. Schülervortrag einzuplanen.

B. Ziele dieser Stunden

– Ausgehend vom Schicksal Fritz Zorns wird überlegt, welche Reaktionsmöglichkeiten dem Menschen in der Situation des Leids und Unglücks offenstehen.

– Die Art von Zorns Leidbewältigung läßt erkennen, daß
a) angesichts eigenen und fremden Unglücks Gott aus ethischem Ernst abgelehnt werden kann,
b) eine atheistische Sinndeutung auch bei einer tödlichen Krankheit tragfähig ist.

– In der Auseinandersetzung mit verschiedenen Deutungen des Hiob wird deutlich, daß
a) die Kritik am Dulder Hiob zwar nicht das Hiobbuch selbst, aber doch zurecht die Tendenz trifft, Gott trotz des unerklärlichen und unverständli-

chen Leids uneingeschränkt zu bejahen,

b) die Rebellion Hiobs gegen Gott ein wesentliches, aber nicht das ausschließliche Verhalten Hiobs ist,

c) Hiob beide Möglichkeiten des leidenden Menschen, Sich-Fügen in Gottes Willen und Sich-Auflehnen gegen Gott, in sich vereint.

– Allgemeine Folgerungen aus Hiobs „Doppelgesichtigkeit" führen abschließend zu der Einsicht, daß

a) die Grundhaltung des Atheismus – wenigstens in der äußersten Situation des Leids – ein integrales Moment des Gottesglaubens sein kann,

b) die Beziehung Mensch – Gott im Gottesglauben komplexer ist, als die atheistische Kritik wahrhaben will.

C. Stundenverlauf

Phase 1: Der Lehrer eröffnet die Stunde ohne einführende Worte sofort mit einem Zitat aus Fritz Zorns „Mars", das für christliche Ohren blasphemisch klingt und zum Widerspruch herausfordert. Im Zitat ist die Rede von „Augenblicken", in denen man Gott, wenn es ihn gäbe, „eins in die Fresse hauen müßte". Das Klassengespräch soll freilich nicht darauf abzielen, dieses Zitat umgehend zurückzuweisen, auch wenn seine Formulierung tatsächlich hart ist. Vielmehr muß ernstgenommen werden, daß es Augenblicke/Situationen gibt, in denen ein Mensch so empfindet oder dieses Bedürfnis hat. Auf die entsprechende Frage des Lehrers werden die Schüler gewiß spontan verschiedene Augenblicke bzw. Situationen nennen können, die von Fritz Zorn vermutlich gemeint sind.

Phase 2: An F. Zorns eigenem Schicksal wird nunmehr eingehender nachvollzogen, was ein Mensch erleiden muß, um

solch eine Aggression gegen Gott zu spüren, wie sie im Zitat zum Ausdruck kommt. Zugleich wird die Frage aufgeworfen, ob ein Mensch in der Situation F. Zorns fast zwangsläufig so reagieren muß – oder ob er auch anders reagieren könnte.

Die Lebensgeschichte F. Zorns wird von einem Schüler referiert. Die Quelle des Referats ist Zorns Buch „Mars", das Bekenntnisbuch eines an Krebs erkrankten Sterbenden, der sich als Opfer seiner Gesellschaft versteht. Anhand der folgenden Stichworte kann sich der Lehrer darüber orientieren, welche Gesichtspunkte im Referat angesprochen bzw. ggf. von ihm ergänzt werden sollten. Ungeachtet dieser Übersicht ist es natürlich empfehlenswert, wenn außer dem Referenten auch der Lehrer das Buch gelesen hat.

Stichworte zur Lebensgeschichte Fritz Zorns:

– Fritz Zorn: ein Pseudonym

– Verfasser der Lebensgeschichte: 32 Jahre alt und krebskrank

– „Mars": keine Autobiographie im allgemeinen, sondern die Geschichte einer Neurose

– Überzeugung Zorns: sein Krebs ist der körperliche Ausdruck seiner seelischen Neurose

– Aspekte der Biographie F. Zorns: Er entstammt einer der allerbesten Familien Zürichs; im Elternhaus mußte alles harmonisch sein; Meinungsverschiedenheiten und Neinsagen waren verpönt; heikle Themen (wie Sexualität) wurden tabuisiert; Zorn gewöhnte sich daran, kein eigenes Urteil zu fällen, verinnerlichte kritiklos den Kanon der „besseren Welt"; Musterschüler, Musterstudent; gestörtes Verhältnis zum eigenen Körper: motorische Schwierigkeiten, übertriebenes Schamgefühl; Außenseiter unter Gleichaltrigen; Kontakthemmungen, vor allem gegenüber dem anderen Geschlecht; manierliches und distinguiertes, aber verkrampftes Auftreten; ständige Depressionen.

Phase 3: Der Lehrer leitet jetzt zu Fritz Zorns Hiob-Kritik über. Da die Schüler Hiobs Geschichte wahrscheinlich nur vage kennen, eine nähere Kenntnis aber elementar ist, wenn Hiobs Verhalten beurteilt werden soll, schließt der Lehrer an die Überleitung eine Kurzinformation über das Schicksal Hiobs an (Stichworte für die Überleitung und die Kurzinformation s. Stundenblatt).

Nach dem Lehrervortrag wird der Textauszug „Hiobs Laster" aus Zorns Buch „Mars" (Mat. 28) laut gelesen und im Klassengespräch analysiert. Die Ergebnisse der Analyse notiert der Lehrer stichwortartig an der Tafel (und zwar auf der linken Seite, da das Tafelbild in Phase 5 noch erweitert wird).

Im Klassengespräch werden die Ergebnisse dann kurz besprochen. Zorns Urteil über Hiob werden die Schüler vielleicht für überspitzt halten, im Grunde werden sie ihm aber zustimmen. Um so mehr werden sie an einer weiteren Auseinandersetzung mit Hiob interessiert sein, wenn Hiobs anderes Gesicht in den Blick kommt.

Phase 4: Daß Hiobs Haltung nicht aufs Dulden zu reduzieren ist, dieser Gesichtspunkt soll den Schülern zuerst einmal visuell durch eine Bildbetrachtung vermittelt werden. Hierfür eignet sich hervorragend eine Miniatur aus der (vermutlich) byzantinischen Hiobhandschrift „Vaticanus Graecus 749" (8./9. Jh.). Die Miniatur (Mat. 29) illustriert genau die Stelle des Hiobbuches, die F. Zorn veranlaßt, Hiob einen feigen und dummen Dulder zu nennen – Hiob 1,21 ff: „Er sagte: ,Nackt bin ich auf die Welt gekommen, nackt geh ich wieder von ihr fort. Der Herr gibt alles, er

kann es auch nehmen. Ich will ihn preisen, was immer er tut!' Trotz allem, was geschehen war, versündigte sich Hiob nicht. Er machte Gott keinen Vorwurf."

Es ist augenfällig, daß der Maler den sich ergebenden Hiob keineswegs als gebeugten, schon gar nicht als gebrochenen Menschen darstellt, sondern Hiob steht aufrecht da, er ist eine kraftvolle Gestalt. Seine emporgestreckten Arme drücken seine Klage aus, aber der Gestus der Klage ist ambivalent: Klagt Hiob zu Gott oder gegen Gott? – Paul Huber hat diese Miniatur nicht zufällig für die Rückseite seines Buches „Hiob – Dulder oder Rebell?" ausgewählt.

Phase 5: Die Bildbetrachtung hat den Schülern – mehr vom Empfinden als vom Verstand her – deutlich gemacht, daß Hiobs Verhalten komplexer ist, als F. Zorn es wahrhaben will. Bevor nun durch die Analyse einer marxistischen und einer bibeltheologischen Hiobdeutung (Mat. 30; 31) ein differenziertes Hiobbild erarbeitet wird, referiert ein Schüler noch kurz über die literarische Form des Hiobbuches; denn die Unterscheidung zwischen Hiobs Verhalten im sog. Volksbuch und Hiobs Verhalten im Drama spielt bei beiden Deutungen eine wichtige Rolle.

Ernst Blochs und Claus Westermanns Hiobdeutung müssen aus Zeitgründen arbeitsteilig erarbeitet werden. Damit die beiden Deutungen direkt verglichen werden können, wird der Arbeitsauftrag identisch formuliert. Als Sozialform ist die Partnerarbeit angemessen, da die Texte nicht leicht zu verstehen sind.

Die Ergebnisse der Textarbeit werden vom Lehrer in Stichworten an der Tafel festgehalten, die Ergebnisse „Bloch" auf der rechten Tafelseite, die Ergebnisse „Westermann" auf der mittleren Tafel. Diese Anordnung bringt optisch zum Ausdruck, daß Westermanns Hiobdeutung die einseitige Hiobinterpretation F. Zorns und die zwar brillante, aber gleichwohl einseitige Hiobinterpretation E. Blochs synthetisiert.

Phase 6: Westermanns Deutung des Hiobbuches hebt das Rebellische in Hiobs Verhalten keineswegs auf, aber sie zeigt in einer genauen Analyse, daß wenigstens an zwei Stellen (16,18ff und 19,25ff) mit dem schärfsten Angriff gegen Gott unmittelbar ein Vertrauensbekenntnis verbunden ist. Aus diesem Zusammen und Zugleich von gläubigem Bekenntnis und rebellischer Anklage können abschließend grundsätzliche Folgerungen für das Verhältnis von Gottesglauben und Atheismus gezogen werden. Da es sich hierbei um eine anspruchsvolle Transferleistung handelt, muß der Lehrer beim Klassengespräch Hilfen geben, ggf. auch einige Gesichtspunkte selbst formulieren. Das Ziel des Gesprächs ist erreicht, wenn die Schüler mitvollzogen haben, daß

a) die Grundhaltung des Gottesglaubens eine existentielle Verbindung mit der Grundhaltung des Atheismus eingehen kann,

b) daß das atheistisch-rebellische Element im Gottesglauben nicht aus dem Gottesglauben hinausführen muß, sondern jenseits einseitiger Festlegungen eine komplexere Beziehung Gott – Mensch ermöglichen kann.

Vorschläge für Klausuren

Beispiel 1:

Es läuft (bei Sartre) auf die Alternative hinaus, daß nur Gott oder der Mensch etwas sein könne. Gott mit seiner Allmacht wäre der Tod der menschlichen Freiheit und Subjektivität... Wenn Gott etwas ist, dann ist der Mensch ein Nichts, also, wenn der Mensch etwas ist, dann ist Gott ein Nichts...

In diesem Zusammenhang findet sich auch Sartres spezifisch existentialistischer Einwand gegen Gott: Die menschliche Freiheit ist die Aufhebung Gottes.

Sartres Existentialismus erklärt, „daß, wenn Gott nicht existiert, es mindestens ein Wesen gibt, bei dem die Existenz der Essenz vorausgeht, ein Wesen, das existiert, bevor es durch irgend einen Begriff definiert werden kann, und daß dieses Wesen der Mensch" ist. Das Atheistische an dieser These beruht darauf, daß der Mensch bei einer Existenz Gottes als Geschöpf definiert wäre. Er wäre dann, sei es als Ebenbild Gottes oder als Gotteskind, sei es irgendwie anders, in seinem metaphysischen Wesen festgelegt. Das Wesen, das sich selbst definiert, dessen Existenz der Essenz vorausgeht, wäre in diesem Fall Gott selbst.

Da es keinen Gott gibt, gibt es auch keine menschliche Natur, nach der der Mensch so ist, wie er ist. (...) Der Mensch ist nicht das, was er ist, sondern das, was er aus sich macht. Indem er wählt, definiert er sich. Das ist seine Freiheit; freilich kann er nicht wählen, ob er diese Freiheit wünscht oder nicht. Er ist dazu verdammt. Da nicht in einem Himmel über ihn entschieden worden ist, muß er selbst entscheiden.

(Ulrich Neuenschwander: Gott im neuzeitlichen Denken Bd. 2, GTB 244)

Aufgaben:
1. Stellen Sie anhand des Textes Sartres Auffassung von der Freiheit des Menschen dar.
2. Erläutern Sie: Wie hat der Mensch nach Sartre seine Freiheit im Leben zu verwirklichen?
3. Machen Sie gegen Sartre an zwei Beispielen der Bibel deutlich, daß der Gottesglaube menschliche Freiheitserfahrungen nicht ausschließt, sondern gerade erst ermöglicht.

Bibeln stehen zur Verfügung.

Zeit: 2 Stunden

Beispiel 2:

Feuerbach löst das religiöse Wesen in das menschliche Wesen auf. Er zeigt, daß Religion eine Selbstverdoppelung des Menschen ist. Für Marx ist dieses Aussichheraussetzen der göttlichen Gegenständlichkeit aber nicht ein ursprünglich natürlicher, wenn auch kindhafter Vorgang, sondern eine religiöse „Selbstentfremdung". So fragt er nach den gesellschaftlichen Bedingungen, unter denen sich eine solche Selbstentfremdung vollziehen kann.

Damit stehen wir an dem entscheidenden Punkte der Marxschen Religionskritik in der Wendung gegen Feuerbach. Für Feuerbach ist die religiöse Selbstverdoppelung der Frühzustand der Menschheit in ihrem Versuch, das Verhältnis zum eigenen Wesen zu finden. Dieser Versuch findet in einer heilen Welt statt und ist normal und dem Menschen als Menschen angemessen.

Für Marx aber liegt der Grund zu einer solchen Selbstentfremdung darin, daß die gesellschaftliche Wirklichkeit sich selbst entfremdet ist. Die Religion kann deshalb nicht der Ausdruck der normalen Welt und der Form nach illusionär sein, sondern sie ist Ausdruck einer verkehrten Welt und deshalb in jeder Hinsicht verkehrt...

Für Marx ist demnach die Religion nicht mehr das Verhältnis des Menschen zu seinem allgemeinen, unendlichen Wesen, da sie Ausdruck der Selbstentfremdung ist. Damit wird noch schärfer begründet, warum Religion gleichzeitig notwendig und doch als etwas Verkehrtes entsteht. Die Religion ist „das Selbstbewußtsein und das Selbstgefühl des Menschen, der sich selbst entweder noch nicht erworben oder schon wieder verloren hat".

(Ulrich Neuenschwander: Gott im neuzeitlichen Denken Bd. 2, GTB 244)

Aufgaben:

1. Stellen Sie mit Hilfe des Textes die Grundzüge der Marxschen Religionskritik dar.
2. Verdeutlichen Sie den entscheidenden Punkt, in dem Marx über Feuerbach hinausgeht.
3. Setzen Sie sich aus der Sicht des biblischen Gottesglaubens mit Marx' These auseinander, Religion sei nichts anderes als „der Ausdruck einer verkehrten Welt". Mögliche Aspekte sind hierbei:
   - die Wirklichkeit der Gotteserfahrung im Exodus-Erlebnis Abrahams oder der Israeliten,
   - Jesu Zeugnis von Gott durch sein Wort und seine Taten.

Bibeln stehen zur Verfügung.

Zeit: 3 Stunden

Beispiel 3 (Leistungskurs):

(Marc Chagall, Die biblische Botschaft, © Cosmopress, Genf 1989)

Aufgaben:

1. Beschreiben Sie Ihre Bildeindrücke. Konzentrieren Sie sich hierbei auf die Beobachtungen, die nach Ihrer Meinung für die Aussagekraft des Bildes aufschlußreich sind.

2. Im Mittelpunkt des Bildes ist die Offenbarung des Jahwe-Namens an Mose dargestellt. Begründen Sie **theologisch**, warum dieses Ereignis ins Zentrum gerückt ist.

3. Verdeutlichen Sie an je einem alttestamentlichen Beispiel, wie die Heilszusage des Jahwe-Namens a) als gegenwärtige Erfahrung, b) als Zukunftshoffnung der Israeliten zum Tragen kommt.

4. Legen Sie dar, inwiefern die alttestamentliche Botschaft von Gottes entschiedener Zuwendung zum Menschen in Jesu Reden und Handeln ihren unüberbietbaren Höhepunkt erreicht.

5. Setzen Sie sich mit der These des Atheismus auseinander, daß menschliche Freiheit sich nur ohne Gott wahrhaft verwirklichen könne. Nennen Sie die wichtigsten atheistischen Argumente für diese These, und beurteilen Sie die Argumente mit Blick auf die biblisch bezeugten Gotteserfahrungen.

Bibeln stehen zur Verfügung.

Zeit: 5 Stunden

Literaturverzeichnis

Anselm von Canterbury, Proslogion. In: S. Anselmi Cantuariensis Archiepiscopi Opera Omnia, Bd. 1–6, 1938–1961, Bd. 1

Aschersleben, K., Einführung in die Unterrichtsmethodik. Stuttgart – Berlin – Köln – Mainz ³1979 (Urban-Taschenbücher Bd. 181)

Blank, J., Jesus von Nazareth. Geschichte und Relevanz. Freiburg – Basel – Wien 1972

Bloch, E., Atheismus im Christentum. Zur Religion des Exodus und des Reichs. Frankfurt a.M. 1968 (suhrkamp taschenbuch 144)

Blumenberg, W., Karl Marx. Reinbek bei Hamburg 1986 (rowohlts monographien 76)

Braun, V., Wir und nicht sie. Gedichte. Halle 1970

Brugger, W. (Hg.), Philosophisches Wörterbuch. Freiburg i.Br. ⁶1957

Conzelmann, H./Lindemann, A., Arbeitsbuch zum Neuen Testament. Tübingen 1975 (Uni-Taschenbücher 52)

Deissler, A., Die Grundbotschaft des Alten Testaments. Ein theologischer Durchblick. Freiburg – Basel – Wien 1972

Feuerbach, L., Gesammelte Werke, hg. v. W. Schuffenhauer. Berlin 1969 ff.

–, Werke in sechs Bänden, hg. v. E. Thies. Frankfurt a.M. 1976

Fichtl, F. (Hg.), Materialien zur Bildmeditation. Dias – Anregungen – Entwürfe. Freiburg/Gelnhausen ²1979

Fischer, P., Edvard Munch: Geschrei. In: Meisterwerke der Kunst, hg. v. der Landesstelle für Erziehung und Unterricht Stuttgart, 30 (1982)

Fried, E., Anfechtungen. Berlin 1967 (Quartheft 22)

Goethe, J. W., Werke, hg. v. E. Trunz (Hamburger Ausgabe). Bd. 1, München ¹⁰1974

Goldmann, C./Wagler, B., Exodus – „Gib mein Volk frei!" Göttingen/Zürich 1981 (Religion: Entdeckungen und Fragen, H. 3)

Haag, H. (Hg.), Bibel-Lexikon. Zürich – Einsiedeln – Köln ³1982

Handke, P., Prosa, Gedichte, Theaterstücke, Hörspiel, Aufsätze. Frankfurt a.M. 1970

Huber, P., Hiob – Dulder oder Rebell? Byzantinische Miniaturen zum Buch Hiob in Patmos, Rom, Venedig, Sinai, Jerusalem und Athos. Düsseldorf 1986

Jaspers, K., Der philosophische Glaube angesichts der Offenbarung. München 1963

Jeremias, J., Neutestamentliche Theologie. Erster Teil: Die Verkündigung Jesu. Gütersloh ²1973

Kant, I., Kritik der praktischen Vernunft, hg. v. K. Vorländer. Hamburg ⁹1929/1974 (Phil. Bibliothek Bd. 38)

–, Kritik der reinen Vernunft, hg. v. R. Schmidt. Hamburg 1971 (Phil. Bibliothek Bd. 37a)

Kassel, M., Biblische Urbilder. Tiefenpsychologische Auslegung nach C. G. Jung. München 1980 (Pfeiffer-Werkbücher Nr. 147)

Keller, G., Sämtliche Werke, hg. v. J. Fränkel. Bern 1926 ff.

Kerenyi, K., Die Mythologie der Griechen. Bd. 1: Die Götter- und Menschheitsgeschichten. München 1987 (dtv Allg. Reihe 1345)

Kilian, S., Die Stadt ist groß. Weinheim 1976

Küng, H., Christ sein. München 1976 (dtv 1220)

–, Existiert Gott? Antwort auf die Gottesfrage der Neuzeit. München 1978

Lamer, H., Wörterbuch der Antike. Mit Berücksichtigung ihres Fortwirkens. Stuttgart [4]1956 (Kröners Taschenausgabe Bd. 96)

Lohfink, G., Jetzt verstehe ich die Bibel. Stuttgart 1973

Lohse, E., Umwelt des Neuen Testaments. Göttingen [2]1974 (Grundrisse zum NT, hg. v. G. Friedrich, Bd. 1)

Marx, K./Engels, F., Werke in 40 Bänden, hg. v. Institut für Marxismus-Leninismus beim ZK der SED. Berlin 1957ff.

Neuenschwander, U., Gott im neuzeitlichen Denken, Bd. 2. Gütersloh 1977 (Gütersloher Taschenbücher/Siebenstern 244)

Nietzsche, F., Werke in drei Bänden, hg. v. K. Schlechta. München 1956

–, Werke hg. v. E. Förster-Nietzsche/R. Oehler. 20 Bde., Leipzig 1905ff. (Großoktavausgabe)

Oelmüller, W. u.a. (Hgg.), Philosophische Arbeitsbücher, Bd. 3: Diskurs: Religion. Paderborn – München – Zürich – Wien [2]1982 (Uni-Taschenbücher 895)

Pesch, R., Zwischen Karfreitag und Ostern. Die Umkehr der Jünger Jesu. Zürich – Einsiedeln – Köln 1983

Rahner, K., Alltägliche Dinge, Theologische Meditationen. Zürich 1964

Reclams Lexikon der antiken Mythologie. Stuttgart 1974

Sartre, J. P., Ist der Existentialismus ein Humanismus? In: Ders., Drei Essays. Berlin 1970 (Ullstein Buch Nr. 304)

–, Gesammelte Dramen. Reinbek bei Hamburg 1969

Sass, H.-M., Ludwig Feuerbach. Reinbek bei Hamburg 1978 (rowohlts monographien 269)

Schnackenburg, R., Christliche Existenz nach dem Neuen Testament. Abhandlungen und Vorträge. Bd. 1. München 1967

Tripp, E. (Hg.), Reclams Lexikon der antiken Mythologie. Stuttgart 1974

Trutwin, W., Gesetz und Propheten. Lehrbuch zur Offenbarung und Geschichte des Alten Bundes für höhere Schulen. Düsseldorf [8]1974

–, Gespräch mit dem Atheismus. Düsseldorf [12]1980 (Theologisches Forum Bd. 1)

–, Reden von Gott. Düsseldorf [11]1979 (Theologisches Forum Bd. 2)

Westermann, C., Das doppelte Gesicht Hiobs. In: Concilium, Internationale Zeitschrift für Theologie, 19 (1983), H. 11

Willms, W., der geerdete himmel. wiederbelebungsversuche. Kevelaer 1974

Zorn, F., Mars. Mit einem Vorwort von A. Muschg. Frankfurt a. M. 1979 (Fischer Taschenbuch 2202)

Inhalt des Materialienheftes
„Materialien Gottesglaube – Atheismus"
Klettbuch Nr. 26871

Atheismen der Neuzeit

20 Ludwig Feuerbach, Das Wesen der Religion
21 Gottfried Keller, Ich hab' in kalten Wintertagen
22 Marx als Prometheus (anonyme Lithographie, 1843)
23 Karl Marx, Religion als Ideologie
24 Ulrich Neuenschwander, Friedrich Nietzsche
25 Edvard Munch, Lithographie
26 Friedrich Nietzsche, Der tolle Mensch
27 Jean-Paul Sartre, Der Mensch muß sich selbst erschaffen

Zwischen Gottesglaube und Atheismus

28 Fritz Zorn, Hiobs Laster
29 Hiob (Byzantinische Miniatur, 9. Jh.)
30 Hiob – der hebräische Prometheus. Zu Ernst Blochs Hiobdeutung
31 Claus Westermann, Das doppelte Gesicht Ijobs

Zu den Beilagen:

Folgende Abkürzungen wurden in den losen Blättern (wie auch in den Stundenblättern) verwendet:

AT Altes Testament
EA Einzelarbeit
HA Hausaufgabe
KG Klassengespräch
NT Neues Testament
PA Partnerarbeit
TA Tafelanschrieb
UE Unterrichtseinheit

Stundenblätter Religion

Sekundarstufe II

Albers, Wolfgang
Stundenblätter Menschenwürde – Menschenrechte
Christliches Handeln in der Welt
Klettbuch 926743

dazu das Materialienheft für Schüler: Klettbuch 268680

Bosold, Bernhard
Stundenblätter Gesellschaftliche Normen – Theologische Ethik
Klettbuch 926701

dazu das Materialienheft für Schüler: Klettbuch 268660

Gorbauch, Horst/Mehner, Dorothea
Stundenblätter Umgang mit der Bibel
Klettbuch 926711

Huber, Hans
Stundenblätter Jesus Christus
Klettbuch 926702

dazu das Materialienheft für Schüler: Klettbuch 268650

Oßwald, Bernhard
Stundenblätter Gottesglaube – Atheismus
Klettbuch 926745

dazu das Materialienheft für Schüler: Klettbuch 268710

Rieder, Albrecht
Stundenblätter Sinnfrage
Klettbuch 926704

dazu das Materialienheft für Schüler: Klettbuch 268720

Schmidt-Kortenbusch, Martin
Stundenblätter Ökologische Verantwortung
Testfall christlicher Ethik
Klettbuch 926706

dazu das Materialienheft für Schüler: Klettbuch 26874

Schulz, Siegfried
Stundenblätter Kirche und Staat
Klettbuch 926691

dazu das Materialienheft für Schüler: Klettbuch 926692

Stamer, Uwe
Stundenblätter Freiheit – Verantwortung – Schuld
Theologische Anthropologie
Klettbuch 926731

dazu das Materialienheft für Schüler: Klettbuch 268620

Stundenblätter Religion

Sekundarstufe II

Bernhard Bosold

Stundenblätter Gesellschaftliche Normen – Theologische Ethik

63 Seiten + 34 Seiten Beilage, geh.
ISBN 3-12-926701-8

Dazu das Materialienheft für Schüler
43 Seiten, geh., ISBN 3-12-268660-0

Horst Gorbauch / Dorothea Mehner

Stundenblätter Umgang mit der Bibel

95 Seiten + Beilagen: 32 Seiten Stundenblätter
+ 12 Arbeitsblätter zum Kopieren, geh.
ISBN 3-12-926711-5

Hans Huber

Stundenblätter Jesus Christus

94 Seiten + 34 Seiten Beilage, geh.
ISBN 3-12-926702-6

Dazu das Materialienheft für Schüler
47 Seiten, geh., ISBN 3-12-268650-3

Bernhard Oßwald

Stundenblätter Gottesglaube – Atheismus

ISBN 3-12-926745-X

Dazu das Materialienheft für Schüler
ISBN 3-12-268710-0

Siegfried Schulz

Stundenblätter Kirche und Staat

67 Seiten + 44 Seiten Stundenblätter, geh.
ISBN 3-12-926691-7

Dazu das Materialienheft für Schüler
77 Seiten, geh., ISBN 3-12-926692-5

Uwe Stamer

Stundenblätter Freiheit – Verantwortung – Schuld

Theologische Anthropologie
92 Seiten + 52 Seiten Beilage, geh.
ISBN 3-12-926731-X

Dazu das Materialienheft für Schüler
51 Seiten, geh., ISBN 3-12-268620-1

Ernst Klett Verlag, Postfach 10 60 16, 7000 Stuttgart 10

Stundenblätter Religion

Sekundarstufe I

Wolfgang Albers
Stundenblätter Menschenwürde – Menschenrechte
ISBN 3-12-926743-3

Dazu das Materialienheft für Schüler
ISBN 3-12-268680-5

Hans Getzeny
Stundenblätter Freundschaft – Liebe – Partnerschaft
40 Seiten + 29 Seiten Stundenblätter, geh.
ISBN 3-12-926741-7

Dazu das Materialienheft für Schüler
30 Seiten, geh., ISBN 3-12-268630-9

Siegfried Schulz
Stundenblätter Christen und Juden
55 Seiten + 29 Seiten Beilage, geh.
ISBN 3-12-926703-4

Dazu das Materialienheft für Schüler
80 Seiten, geh., ISBN 3-12-268670-8

Anneliese Schulz
Stundenblätter Diakonie – Außenseiter – Behinderte
ISBN 3-12-926744-1

Dazu das Materialienheft für Schüler
ISBN 3-12-268690-2

Siegfried Schulz
Stundenblätter Bergpredigt
51 Seiten + 40 Seiten Stundenblätter, geh.
ISBN 3-12-926742-5

Dazu das Materialienheft für Schüler
72 Seiten, geh., ISBN 3-12-268640-6

Siegfried Schulz
Stundenblätter Sterben – Tod – Auferstehung
63 Seiten + 41 Seiten Stundenblätter, geh.
ISBN 3-12-926721-2

Dazu das Materialienheft für Schüler
59 Seiten, geh., ISBN 3-12-268610-4

Klett

Ernst Klett Verlag, Postfach 10 60 16, 7000 Stuttgart 10

25./26. Stunde:
Hiob – abrahamisch Glaubender oder prometheischer Rebell? (Fortsetzung)

Gottesglaube –
Atheismus

TAFELBILD zu den Phasen 3 und 5

Hiob – der Dulder
(F. Zorn)

Hiob contra Hiobs Frau:

H. „kuscht" vor Gott – seine Frau fordert den Aufstand

Hiob – der Dulder und Rebell
(C. Westermann)

Hiob der Erzählung contra Hiob des Dramas:

der demütige Fromme – der Rebell

Gegensatz, Widerspruch

———

Zusammenfügung von Erzählung und Drama:

Theologische Aussage

———

Hiobs Reden zu Gott im Drama:

Klage als Sprache des Leids; spezifisches Element in Hiobs Gottklage:
Klage gegen Gott (= Anklage Gottes)

———

16,19–21 und 19,25–27: Bekenntnisse der Zuversicht und des Gottvertrauens; Hoffnung Hiobs auf das Unmögliche – daß nämlich Gott gegen Gott sein Anwalt sein werde

———

Hiob – der Rebell
(E. Bloch)

Hiob der Erzählung contra Hiob des Dramas:

der sanfte Dulder – der titanische Herausforderer der Gottheit

Widerspruch, Unvereinbarkeit

———

Zusammenfügung von Erzählung und Drama:

Kaschieren der Ketzerei

———

Hiobs Reden zu Gott im Drama:

lauter Angriff; Bekriegen Jahwes; Schnauben wider Gott; Aufruhr

———

„Goel" in 19,25 bedeutet „Bluträcher"; Hiob fühlt sich als unschuldig von Gott Erschlagener, dessen Blut zum Himmel schreit (16,18 f). Der Rächer, den Hiob sucht, kann nicht mit Jahwe identisch sein.

———

Gott will das Leid und das Böse in der Schöpfung (Krokodil als Symbol). Deshalb ist
– Hiobs Reaktion feige und dumm
– die Reaktion seiner Frau ethisch wertvoller.

Auflehnung gegen Gott und Sich-Fügen in Gottes Willen schließen sich nicht zwangsläufig aus: Beide Möglichkeiten sind in Hiobs Verhalten vereint: im tiefsten Zweifel an und in der schärfsten Anklage gegen Gott hält sich scheinbar paradox das Gottvertrauen durch.

Hiobs Verhalten bedeutet den Auszug aus Gott und eine ungeheure Umwertung der Werte.
Logik des Hiobdramas: Ein Mensch besteht aufgrund des eigenen guten Gewissens darauf, besser als sein Gott zu sein; er überholt ihn.

Unterrichtsverlauf	Methoden / Sozialformen	Kommentare und Resultate
	Aufgabe: Beantworten Sie in Stichworten: 1. a) Wie wird das Verhältnis von Hiob-erzählung (Volksbuch) und Hiob-dichtung (Drama) inhaltlich gekenn-zeichnet? b) Welche Absicht wird hinter der Zusammenfügung der beiden Teile vermutet? 2. Wie wird Hiobs Reden zu Gott als Sprachhandlung charakterisiert? 3. In welchem Sinn werden die für das Verständnis des Hiobbuches wichtigen Verse 16,18 ff und 19,25 ff gedeutet? 4. Welche Interpretation des Hiob und seines Verhältnisses zu Gott ergibt sich aus der Deutung dieser Verse? Ergebnissicherung durch Tafelanschrieb und Hefteintrag	 Ergebnisse „Bloch" s. Tafelbild, rechte Spalte (S. 54) Ergebnisse „Westermann" s. Tafelbild, mittlere Spalte (S. 54)

Phase 6:
 	
Folgerungen aus der Doppel-gesichtigkeit Hiobs für das Verhältnis Gottesglaube – Atheismus
	Klassengespräch
	Leitfrage:
	Hiob, der Gott Ergebene, erscheint zugleich als Rebell gegen Gott, als Herausforderer, Ankläger und Bezweifler Gottes. Welche Folgerungen lassen sich daraus
	
	1. für den Gottesglauben als existentielle Grundhaltung,
	
	2. für die atheistische Kritik am Gottes-glauben
	
	ziehen?
		Ergebnisse:
		Ad 1. – Ein Gottesglaube, der sich von dem Leid, Unglück und der Ungewißheit menschlicher Existenz nicht anfechten läßt, ist fragwürdig.
		     – Ohne sich selbst aufzugeben, kann der Gottesglaube die gegensätz-liche Grundhaltung des Atheismus mit einschließen.
		
		Ad 2. – Die atheistische Kritik an Gott, der das Leid zuläßt, ist berechtigt. Gott selbst erkennt im Buch Hiob Hiobs Recht zur Kritik an. Gottes An-erkenntnis der Kritik heißt aber auch: Die Gotteskritik muß nicht aus dem Gottesglauben hinausführen. Sie hat im Gottesglauben Platz als integrales Moment.
		     – Hiobs Beispiel zeigt, daß die Beziehung Mensch – Gott / Gott – Mensch komplexer ist als die Beziehung, die in dem vom Atheismus formulier-ten Dilemma enthalten ist: entweder Gott als Herrscher und der Mensch als Sich-Fügender – oder ein nichtexistenter Gott und ein freier Mensch.

Materialien und Medien:
– Grafik: R.P. Litzenburger, Abraham (Mat. 2, ohne Angabe des Bildtitels)
– Text: M. Kassel, Abrahams Exodus (Mat. 3)
– Bibeln (Klassensatz)
– Schallplatte oder Kassette mit meditativer Musik

Unterrichtsverlauf	Methoden / Sozialformen	Kommentare und Resultate
Phase 1: Bildbetrachtung: Spontane, unreflektierte Bestimmung der Exodus-Situation Abrahams	<u>Einzelarbeit</u> Bild: R.P. Litzenburger, Abraham <u>Aufgabe:</u> Betrachten Sie die Grafik in aller Ruhe. Notieren Sie das, was Ihnen bei der Betrachtung spontan ein- oder auffällt, in Stichworten. <u>Sammeln der Ergebnisse</u> <u>Klassengespräch</u> Fragen: 1. In welcher Situation befindet sich wohl der Mann auf dem Bild? 2. Welche biblische Gestalt könnte dargestellt sein? <u>Kurze Lehrerinformation</u> über den Künstler <u>Textlektüre</u> Gen 12, 1–4 a <u>Klassengespräch</u> Fragen: – Haben die spontanen Bildeindrücke Abrahams seelischen Zustand zutreffend erfaßt? – Ist er traurig – unsicher – ohne Richtung? – Braucht er einen Halt? – Ist die auffällig geöffnete linke Hand jetzt – nach Kenntnis der Bibelstelle – verständlich?	Der Titel der Grafik wird anfangs noch nicht bekanntgegeben. <u>Mögliche Ergebnisse (TA):</u> – Seltsame Aufteilung des Bildes: Der Mann ist ganz an den linken Rand gedrängt, und rechts neben ihm ist es fast leer. – Trauriges Gesicht des Mannes; vielleicht aber auch nur ein ernstes Gesicht. – Fragender Blick des Mannes. Weiß er nicht, was er machen soll? – Die geöffnete linke Hand ist auffällig: Bedeutung? – Der Mann, ein Wanderer: Er hat den Stab fest umfaßt. Braucht er ihn als Halt? – Kommt der Mann aus dem Bildhintergrund hergewandert? Oder will er nach dorthin? <u>Ergebnisse:</u> Ad 1. – Er hat schon einen weiten Weg hinter sich; er ist müde und erschöpft. – Ich glaube eher, daß er gerade aufbrechen will. Ad 2. Ob die Schüler Abraham nennen, hängt von ihren Bibelkenntnissen ab. Zum Inhalt s. vorderen Textteil <u>Ergebnisse:</u> – „Traurig" ist gewiß zutreffend. – „Unsicher" und „richtungslos" dürfte ebenfalls stimmen; es hängt davon ab, wie stark Abraham auf Gottes Zusage und Verheißung vertraut. – Gott könnte ein Halt für Abraham sein, aber er weiß ja nicht, ob Gott wirklich zu ihm steht. – Die offene Hand bedeutet vielleicht: Ich nehme alles an, was auf mich zukommt.

Unterrichtsverlauf	Methoden / Sozialformen	Kommentare und Resultate
Phase 2: Bildanalyse: Erfassen des Grundkonflikts der abrahamischen Exodus-Situation	Einzelarbeit Aufgabe: Mit welchen Gestaltungsmitteln hat der Künstler die Bildidee verwirklicht? Skizzieren Sie die Raumaufteilung und die Konstruktionslinien des Bildes. Ergebnisüberprüfung/Klassengespräch	 Zur Ergebnisüberprüfung zeichnen zwei Schüler ihre Vorschläge an die Tafel.
	Das Tafelbild, das aus der Ergebnisüberprüfung und dem Klassengespräch entwickelt wird, kann folgendermaßen aussehen:	

Bildkomposition

Inhaltliche Bedeutung der Bildkomposition
Der Aufbau der Grafik spiegelt den Konflikt Abrahams wider, sich zwischen dem Nahen und Vertrauten, aber Beengenden einerseits und dem Fernen und Ungewissen, aber Zukunft Eröffnenden andererseits entscheiden zu müssen.

Unterrichtsverlauf	Methoden / Sozialformen	Kommentare und Resultate
Phase 3: Archetypische Auslegung von Gen 12, 1–4 a: Erkenntnis der Tiefenstruktur des abrahamischen Exodus	Textlektüre M. Kassel, Abrahams Exodus Klassengespräch Impuls: Welchen Eindruck macht die vorliegende Deutung auf Sie? Textarbeit Aufgabe: Notieren Sie die Schlüsselwörter der Kasselschen Interpretation. Formulieren Sie sodann mit den notierten Begriffen die Kernaussagen des Textes in mehreren Sätzen. Ergebnissicherung/Klassengespräch	Die spontanen Texteindrücke dürften in zwei Richtungen gehen: 1. Mir erscheint die Deutung zu konstruiert; dem Bibeltext wird hier künstlich etwas aufgesetzt. 2. Ich finde die Aussage interessant, daß Abrahams Umherziehen eine Grundsituation des Menschen widerspiegelt; ich habe sie noch nicht ganz verstanden, aber sie spricht mich an. Ergebnisse (TA): Schlüsselwörter: Auf dem Weg sein – Menschliche Grundsituation – Erfahrung im Zentrum der Person – Selbstwerdung – Auszug – Verbleiben

Unterrichtsverlauf	Methoden / Sozialformen	Kommentare und Resultate
		<u>Kernaussagen:</u> – Abrahams Umherziehen: die Gestaltung einer menschlichen Grundsituation. – Abgebildete Grunderfahrung: der Mensch ist lebenslang auf dem Weg zu sich selbst. – Anrede Gottes an Abraham: eine Erfahrung im Zentrum seiner Person; nicht ignorierbarer Impuls zur grundlegenden Lebensveränderung. – Abrahams Selbstwerdung entscheidet sich daran, wie er auf den Impuls, die „Anrede" reagiert. – Sich-Festmachen, Glauben an Gott fordert Auszug aus festen Bindungen. Dauerndes Verbleiben im Nahen, Vertrauten hindert am Glauben.
Phase 4: Entwicklung eines Grundmodells biblischen Glaubens	<u>Lehrervortrag</u>	Das Grundmodell biblischen Glaubens, das der Lehrer auf der Grundlage des zuvor Erarbeiteten expliziert, kann er durch folgendes Schema veranschaulichen: Gott Erfahrung des Aufgerufenseins durch Gott — Glaube; Vertrauen auf Gott — Erfahrung der Befreiung durch Gott Antwort = Mensch: beengt — Emanzipation durch Exodus — Mensch: befreit
Phase 5: Meditation zum Lebenssymbol des Auf-dem-Weg-Seins	<u>Sitzen im Kreis</u> <u>Leise, meditative Musik</u> <u>Textvortrag</u> durch den Lehrer <u>Leise, meditative Musik</u>	Abdunkeln des Raums Entspannte Körperhaltung; am besten „Kutschersitz" z. B. langsame Barockmusik mit ständig wiederkehrendem Thema Textvorschläge s. vorderen Textteil Vortrag: ruhig und bedächtig, durch längere Pausen in Sinnabschnitte gegliedert

Materialien und Medien:
– Gedicht „SAG wohin gehen wir" (Mat. 4)
– Sachtext: A. Deissler, Das Zeugnis der Namensoffenbarung (Mat. 5)
– Gedicht: W. Willms, aus dem buch exodus (Mat. 6)
– Bibeln (Klassensatz)

Unterrichtsverlauf	Methoden / Sozialformen	Kommentare und Resultate
Phase 1: Sensibilisierung für die Thematik der Doppelstunde	Einzelarbeit Gedicht: „SAG wohin" I. Aufgabe: Wie würden Sie dieses Gedicht vortragen? Halten Sie Ihre „Interpretation" durch entsprechende Zeichen (Satzzeichen, Unterstreichungen, Pausenzeichen, Akzente) fest. II. Auswertung Kurzer Lehrervortrag als Überleitung	Das Gedicht erfordet vom Leser Kreativität; durch ausprobierendes Lesen muß er die Sinnstruktur des Gedichts selbst erfinden. Drei oder vier Schüler tragen ihre Version vor. Unterwegs-Sein: – allgemein: Symbol für das Mensch-Sein überhaupt – religiös: Existential, in dem Gottes befreiendes Handeln unüberbietbar erfahren wird. Exodus-Thema im AT: Hauptthema, vielfältig variiert. Exodus – als individuelle Grunderfahrung: Abrahams Wegzug – als kollektive Grunderfahrung: Israels Auszug aus Ägypten.
Phase 2: Die Israeliten in Ägypten – Aufarbeitung vorhandener Schülerkenntnisse	Klassengespräch Fragen: 1. Wie kamen die Israeliten nach Ägypten? 2. Wie waren die politischen, wirtschaftlichen, sozialen Verhältnisse in Ägypten? 3. Wie lebten die Israeliten in Ägypten? 4. Wie verlief Mose Leben in Ägypten?	Ergebnisse in Stichworten (ausführliche Darstellung im vorderen Textteil): Ad 1. Bei Dürre und Hungersnot Immigration von Israeliten ins fruchtbare Nildelta Ad 2. Streng hierarchische Gesellschaftsordnung; an der Spitze der göttlich verehrte Pharao, der mit Hilfe eines riesigen, straff organisierten Beamtenapparates das Land regiert. Das wirtschaftliche Rückgrat des Staates: Handwerker und Bauern Am Ende der Gesellschaftspyramide: Zwangsverpflichtete Arbeiter und die Sklaven Ad 3. Fronarbeit der Israeliten in den Steinbrüchen und bei der Ziegelfabrikation Ad 4. Trotz Erziehung am Hof des Pharao übt Mose Solidarität mit seinen Volksgenossen; er erschlägt einen ägyptischen Sklavenaufseher und muß zu den Midianitern fliehen.

Unterrichtsverlauf	Methoden/Sozialformen	Kommentare und Resultate
Phase 3: Analyse von Ex 3,1–17 (Interpretation des Jahwe-Namens)	<u>Lektüre von Ex 3,1–17</u> <u>Klassengespräch</u> Fragen: – Wie ist die Erzählung vom brennenden Dornbusch aufzufassen? – Wie reagiert Mose auf Gottes Forderung an ihn? – Warum will Mose den Namen Gottes wissen? <u>Lehrervortrag</u>	Der Text wird laut vorgelesen. <u>Ergebnisse:</u> – <u>Empirischer Gesichtspunkt:</u> brennender Busch in der Sinai-Wüste – ein gelegentlich zu beobachtendes Naturereignis. <u>Religiöse Dimension:</u> Feuer – lichtspendende, lebenserhaltende, aber unberührbare Kraft; symbolisiert die unnahbare Gegenwart Gottes. – Mose fühlt sich der Aufgabe, die Gott ihm zumutet, nicht gewachsen: „Wer bin ich schon, daß ich vor den Pharao treten könnte…" – Mose Frage nach dem Namen zielt auf eine Wesens-Offenbarung Gottes. Der Lehrer hält die Hauptpunkte seines Vortrags an der Tafel fest:

> JAHWE
>
> 1. Herkunft
>
>   Der Name „Jahwe" ist vermutlich eine Bildung vom Verbum „hajah" = sein, dasein, geschehen.
>
> 2. Bedeutung
>
>   Jahwe erklärt seinen Namen durch die Formel: „ehjeh ascher ehjeh" (Ex 3,14). Diese Formel kann übersetzt werden:
>
>   a) Ich bin, der ich bin
>
>   Sinn: Gott ist der Seiende oder das Sein selbst → philosophische Aussage (Septuaginta!).
>
>   b) Ich bin, was (oder wer) ich bin
>
>   Sinn: Gott gibt keine Antwort auf die Frage nach seinem Namen, weil er sein Geheimnis nicht offenbaren will.
>
>   c) Ich bin <u>da</u>, der ich <u>da</u> bin
>
>   Sinn: „Ich bin da und werde dasein als dein helfender und heilvoller Gott, was auch geschehe" (Deissler).
>
>   Daß die dritte Übersetzung zutrifft, ist schon durch den Kontext (→ „Gott der Väter") belegbar. Sodann wird sie bestätigt durch Hos 1,9.

| | <u>Hausarbeit</u>
Aufgaben:
– Lesen Sie zur Nachbereitung und Vertiefung: A. Deissler, Das Zeugnis der Namensoffenbarung (Mat. 5).
– Lesen Sie zur Vorbereitung der nächsten Stunde Ex 14,15–14,31 (Durchzug durch das Schilfmeer) und notieren Sie in Stichworten die Verständnisprobleme, die sich bei der Lektüre des Textes ergeben. | Falls für die 4. und 5. Stunde im Stundenplan eine Doppelstunde vorgesehen ist, dann
– wird die Lektüre des Deissler-Textes am Ende der 5. Stunde aufgegeben
– wird der Bibeltext im Unterricht in Einzelarbeit gelesen. |

Unterrichtsverlauf	Methoden / Sozialformen	Kommentare und Resultate
Phase 4: Auslegung der Meerwunder-Erzählung (Ex 14,15–31)	Klassengespräch Auswertung der HA bzw. der EA Partnerarbeit Aufgabe: Der Text Ex 14,15–31 enthält Unstimmigkeiten und Widersprüche. Versuchen Sie diese festzustellen und überlegen Sie, wie sie zu erklären sind. Halten Sie Ihre Ergebnisse in Stichworten fest. Ergebnissicherung Lehrervortrag Die drei Überlieferungen in Ex 14,15–31	Ergebnis: Probleme habe ich damit, daß – Mose durch Handausstrecken das Meer spaltet und die Wasser zurückfluten läßt, – Gottes Engel dem Heer der Israeliten voranzieht, – Gott mit Hilfe einer Wolken- und Feuersäule zugunsten der Israeliten eingreift. Mögliche Ergebnisse der PA: Widersprüche – „Jahwe läßt das Meer durch einen Ostwind austrocknen" contra „Mose spaltet die Wasser durch Ausstrecken seiner Hand" – Ex 14,23 (die Ägypter setzen den Israeliten nach und ziehen hinter ihnen her mitten ins Meer) contra Ex 14,24 (die Ägypter fliehen in Verwirrung den zurückflutenden Wassern entgegen) Erklärung – Widersprüche infolge der mündlichen Überlieferung des Schilfmeer-Wunders – Verarbeitung verschiedener Erzähltraditionen in Ex 14,15–31 J: Die Israeliten selbst ziehen nicht durchs Meer. Vielmehr versetzt Jahwe das Heer der Ägypter in eine Panik, so daß sie kopflos ins zurückflutende Meer hineinlaufen (14,24. 25b.27aß.b). E: Die Ägypter ziehen den Israeliten in das Meer nach, wo die Räder ihrer Wagen im Schlamm oder Sand steckenbleiben, so daß sie dem in sein Bett zurückkehrenden Meer nicht mehr entkommen können (14,25a). P: Das Wasser spaltet sich auf Geheiß des Mose. Die Israeliten ziehen durch die Gasse. Als die Ägypter nachrücken, fluten die Wasser zurück. Von der ältesten bis zur jüngsten Überlieferung wird das Geschehen am Schilfmeer immer mehr ins Mirakulöse gesteigert.

Unterrichtsverlauf	Methoden / Sozialformen	Kommentare und Resultate
	Unterrichtsgespräch Leitfrage: Wie ist der Realitätsgehalt des Textes angesichts des exegetischen Befundes zu beurteilen?	Ergebnisse in Stichworten (ausführliche Darstellung im vorderen Textteil): – Historischer Kern des „Meerwunders": Besondere Konstellation von Oststurm und Gezeitenwechsel – Transzendenzerfahrung im Naturereignis: entzieht sich der historischen Kritik
Phase 5: Symbolische Auffassung und Aktualisierung der Exodus-Erfahrung	Vorlesen des Textes W. Willms, aus dem buch exodus (Mat. 6) Klassengespräch Fragen: – Welche Mittel wendet Willms an, um Israels Exodus auf unsere Situation zu beziehen? – In welchen Symbolen erschließt Willms die zeitlose Bedeutung des Exodus-Ereignisses?	Damit der Text auch wirkt, sollte ihn der Lehrer vorlesen. Ergebnisse: Der Gegenwartsbezug wird u.a. hergestellt durch – Anachronismen („leistungszwang"; „anstellung auf lebenszeit"; „hohe pension"; „todeskandidaten") – direkte Verbindung von damals und heute („aber dann geschah das / was wir alle tun müssen / immer wieder") – Wortspiele („in die binsen gehen") – Symbolisierung von Elementen des Exodus-Ereignisses. Symbole: – Pharao: das Böse (Macht, System...) – Wolke: Dunkelheit des Lebens; Leid; undurchschaubare Zukunft – Feuer: Begeisterung, Geist-Wirken ins uns – Rotes Meer: Ort des Unmöglichen („das rote meer hat grüne welle"); Freiheit; Leben

Materialien und Medien:
– Bild: Alfred Manessier, Auferstehung (Mat. 7, ohne Angabe des Bildtitels)
– Bibeln (Klassensatz)
– Arbeitsblatt

Unterrichtsverlauf	Methoden / Sozialformen	Kommentare und Resultate
Phase 1: Bildmeditation	Bildbetrachtung in Stille A. Manessier, Auferstehung Äußern der Bildeindrücke Impuls: Welche Eindrücke haben Sie beim Betrachten des Bildes gewonnen, was ist Ihnen aufgefallen oder eingefallen? Klassengespräch Leitgedanke: Der Künstler wollte mit diesem Bild weniger einem physischen als vielmehr einem religiösen Geschehen Gestalt geben. Fragen zum Leitgedanken: 1. Welches religiöse Thema könnte er dargestellt haben? 2. Läßt sich in den verschiedenen Benennungen des religiösen Themas etwas Gemeinsames finden, das als eigentliche Sinnaussage des Bildes gelten kann? Lehrervortrag – Informationen zum Bild – Überleitung zu Ezechiels Auferweckungs-Vision (Ez 37,1–14)	Der Lehrer gibt den Bildtitel noch nicht bekannt. Mögliche Äußerungen über das Bild: – Die Farben des Bildes sind leuchtend und warm. – Das Bild wirkt strahlend-hell, die wenigen dunklen Flecken beeinträchtigen diese Wirkung nicht. – Das Bild stellt eine gewaltige Explosion dar. – Ich denke an den Urknall oder an eine Supernova. – Das Bild ist Ausdruck stärkster Bewegung: In der Mitte wirbelt ein Feuerball, und ihn umkreisen einzelne Teile. Oder werden sie von im weggeschleudert? – Ich würde das Bild „Sonne" nennen; denn Sonne ist doch in einem: Bewegung, Explosion, strahlendes Licht. Ergebnisse: Ad 1. Vielleicht legen sich die Schüler sofort auf „Auferstehung" oder „Ostern" fest. Möglich sind aber auch Nennungen wie – Schöpfung – Gott(es Leben) – brennender Dornbusch – Pfingsten – Kommen des Gottesreiches – neue Schöpfung Ad 2. Gemeinsame und wesentliche religiöse Sinnaussage des Bildes: Es zeigt ein Geschehen von Gott her, in welchem das Gestaltlose oder Tote zu wirklichem Leben erweckt wird. Informationen zu Bild und Künstler s. vorderen Textteil Stichworte zur Überleitung: – Zukunftserwartung Israels, Jahwe werde in einer der Schöpfung analogen umwälzenden „Großtat" den defizienten Zustand seines Volks in einen endgültigen Heilszustand verwandeln. – Ezechiels Vision von der Auferweckung des Totengebeins ein hervorragendes Beispiel dieser Zukunftserwartung: sie vergegenwärtigt die eschatologische Grundidee in eindrucksvoller Bildlichkeit.

Unterrichtsverlauf	Methoden / Sozialformen	Kommentare und Resultate
Phase 2: Historische Deutung von Ezechiels Auferweckungs-Vision	<u>Textlektüre</u> Text: Ez 37,1–14 <u>Textarbeit / Einzelarbeit</u> Aufgabe: Beantworten Sie auf dem Arbeitsblatt in Stichworten: Welche historische, von Ezechiel selbst gemeinte Bedeutung haben die genannten Bildelemente der Vision? Neben dem Bibeltext sind auch die Informationen zu Ezechiel für die Antwort heranzuziehen. <u>Ergebnissicherung</u>	Ein Schüler liest laut vor. <u>Ergebnisse:</u> Talebene, voll von Totengebeinen — Talebene: Babylonien; Totengebeine: die deportierten Israeliten Rauschen: die Gebeine rücken zusammen — Zusammenschluß der Exulanten durch die prophetische Verkündigung von Jahwes Wort Körperbildung an den Skeletten — Rückkehr in die Heimat Israel Geist (ruach) kommt in die toten Körper und macht sie lebendig — Das Volk Israel ist wieder vom Geist Gottes erfüllt und belebt.
Phase 3: Reflexion von Ezechiels Auferweckungsvision im aktuellen Bezugsrahmen	<u>Klassengespräch</u> Frageimpulse: 1. Wie beurteilen Sie die Ansicht: „Wir heutige Menschen leben und sind doch tot"? 2. Wo sind in unserer Welt, in unserer Gesellschaft, in unserem Leben die „Täler des Todes"? 3. Was bedeutet es für uns heute, von neuem Geist, von Gottes Geist belebt zu werden, um den „Zonen des Todes" zu entrinnen?	<u>Ergebnisse:</u> Ad 1./2. Wir sind lebende Tote, weil/insofern/wenn wir – uns unter die Diktatur des technischen Fortschritts begeben, – uns in sterilen Hochhaustürmen einschließen lassen, – im hermetischen Zirkel der Kleinfamilie unser Leben führen, – uns an einem vordergründigen, von den Massenmedien suggerierten Begriff der Lebensfreude und Lebensfülle orientieren (Reichtum, Fitneß, Abenteuer…), – die religiöse Dimension unseres Lebens zugunsten fragiler Sinnsurrogate immer mehr aus den Augen verlieren, – unsere natürliche Lebenswelt zubetonieren, mit Straßen durchschneiden, durch Emissionen zerstören…, – durch die Doktrin vom Gleichgewicht des Schreckens uns in eine Rüstungsspirale hineinbegeben haben, – durch das atomare Vernichtungspotential alles Leben dieser Erde bedrohen. Ad 3. Die Schüler sollen zu dieser Frage ihre spontanen Einfälle äußern. Es hängt von der Klassensituation ab, ob versucht wird, diese spontanen Einfälle im Gespräch noch etwas weiter zu entfalten.

Arbeitsblatt
Ezechiels Vision von der Auferweckung des Totengebeins (37,1–14)

Ezechiel: Sohn eines Priesters, wahrscheinlich selbst Priester, verheiratet; gehört zu den Gefangenen, die im Jahr 597 mit König Jojakim von Nabuchodonosor, dem König von Babel, nach Babylonien deportiert werden; prophezeit seinen Mitgefangenen, daß ihre Volksgenossen, die in Jerusalem zurückgeblieben sind, dem Strafgericht Gottes anheimfallen werden, der Zerstörung Jerusalems und der Vertreibung seiner Bewohner; verkündigt, nachdem Jerusalem 587 eingenommen worden ist und die Bewohner ebenfalls nach Babylonien deportiert worden sind, den Exil-Israeliten den heilsgeschichtlichen Plan Gottes, das Volk solle, wie einst aus der Knechtschaft Ägyptens, jetzt aus der Erniedrigung der Gefangenschaft befreit werden, um in das Land zu ziehen, das ihm damals verheißen wurde und jetzt wiederhergestellt werden muß.

(nach: H. Haag, Bibellexikon)

Bildelemente der Vision	Historische Bedeutung der Bildelemente
Talebene, voll von Totengebeinen	
Rauschen: die Gebeine rücken zusammen	
Körperbildung an den Skeletten	
Geist (ruach) kommt in die toten Körper und macht sie lebendig	

		Gottesglaube – Atheismus

7. Stunde:
Vorläufige Verständigung über Jesu Leben und Wirken;
Organisation des für die NT-Sequenz vorgesehenen Gruppenunterrichts

Materialien und Medien:
– Text: P. Handke, Lebensbeschreibung (Mat. 8)
– Blätter 1–4 mit den Arbeitsaufgaben der Gruppen
– Literatur zu den vier Themen der arbeitsteiligen Gruppenarbeit (Mat. 9–12)

Unterrichtsverlauf	Methoden / Sozialformen	Kommentare und Resultate
Phase 1: Vorläufige Verständigung über Jesu Person, Leben und Wirken	Textlektüre P. Handke, Lebensbeschreibung Klassengespräch I. Spontane Äußerungen / Offenes Gespräch Impuls: – Welche Eindrücke haben Sie beim Lesen des Textes gewonnen?	Ein Schüler liest den Text laut vor. Ergebnisse des offenen Gesprächs: – Für den Eigennamen „Jesus" setzt Handke durchwegs „Gott" ein. – Der Text ist voller Ironie. – Handke gebraucht eine Reihe veralteter Ausdrücke und Wendungen, wie sie etwa im Märchen vorkommen. – Die Syntax ist ganz einfach: der Text besteht in weiten Teilen nur aus Hauptsätzen. – In Handkes Beschreibung erscheint Jesu Leben überhaupt nicht ungewöhnlich oder aufregend.
	II. Gelenktes Gespräch Fragen: 1. Mit welcher Absicht setzt Handke nicht „Jesus", sondern „Gott" als Eigennamen ein?	Ergebnisse des gelenkten Gesprächs: Ad 1. Eigenname im westlichen Kulturkreis keine Wesensaussage. „Gott" im Sinne eines Eigennamens auf Jesus angewendet, unterstreicht nicht die „Göttlichkeit" Jesu, sondern stellt sie gerade ironisch in Frage.
	2. Wie charakterisiert die „Lebensbeschreibung" Jesu Person („Wesen"), und wie beurteilt sie Jesu Wirken und Wirkung?	Ad 2. Jesu Person wird vornehmlich durch Negationen und Einschränkungen charakterisiert: „kein Unmensch" usw. <u>Jesu Wirken</u> wird der Banalität nahegerückt, seine <u>Wirkung</u> entsprechend auf die „Langeweile der Massen" zurückgeführt.
	3. Durch welche sprachlichen Mittel entsteht der Eindruck, daß Jesu Leben im Grunde gar nichts Außergewöhnliches oder Besonderes war?	Ad 3. – Formelhafte Wendungen (bei der Beschreibung der Kindheit) – ironische Destruktion von Aussagen (z. B. wird die Feststellung „er wirkte auch Wunder" sofort konterkariert durch den Satz „er sorgte für Unterhaltung bei Hochzeiten") – Sprachhaltung objektiver Distanziertheit (vgl. etwa die Formulierung „ohne das Versammlungsverbot zu beachten")
	4. In welchem Verhältnis steht Handkes „Lebensbeschreibung" zu der „Lebensbeschreibung", die wir aus den Evangelien kennen?	Ad 4. „Lebensbeschreibung" der Evangelien spiegelt durchgängig den nachösterlichen Glauben der Schreibenden und ihr existentielles Interesse an der Person Jesu wider; Handkes „Lebensbeschreibung" gibt vor, neutrale, historisch-exakte Berichterstattung zu sein.

Unterrichtsverlauf	Methoden / Sozialformen	Kommentare und Resultate

Phase 2:
 	
Organisation des arbeitsteiligen Gruppenunterrichts
	Lehrervortrag, -aktion
	I. Informationen zu
	  – den Themen
	  – dem Zeitrahmen des arbeitsteiligen Gruppenunterrichts
	
	II. Einteilung der vier Gruppen
	
	III. Ausgabe der Aufgabenblätter 1–4
	IV. Bemerkungen zur
	  – Arbeitsweise der Gruppen
	  – Präsentation der Ergebnisse
		<u>Themen</u>
		Kurze Vorstellung der Themen der arbeitsteiligen Gruppenarbeit und Skizze der Untersuchungsfelder (s. Aufgabenblätter 1–4)
		<u>Zeitlicher Rahmen</u>
		3 Stunden Erarbeitung der Aufgaben und Vorbereitung der Ergebnispräsentation; 2,5 Stunden Vorstellung der Ergebnisse (ca. 25–30 Minuten pro Gruppe); 1,5 Stunden Gespräch über die Ergebnisse.
		
		Die Gruppen werden entsprechend der Themenwahl der Schüler gebildet. Falls die Verteilung sehr ungleichmäßig ausfällt, muß der Lehrer auszugleichen versuchen.
		
		s. beiliegende Kopiervorlagen
		
		– Die Schüler sollen die Literatur für ihr Thema (Mat. 9–12) zu Hause bis zur nächsten, der 8. Stunde lesen und sich bei der Lektüre (mit Blick auf die Aufgaben) in Stichworten Notizen machen.
		– Abwechslungsreiche Präsentation der Gruppenergebnisse; mögliche Gestaltungselemente (Rollenspiel, Wandzeitung, Tonband-Feature, Bild, Folie…).
		– Schriftliche Zusammenfassung der Gruppenergebnisse / Vervielfältigung für die ganze Klasse.

Aufgabenblatt zur Gruppenarbeit 1

innerhalb der Unterrichtssequenz
„Gottesglaube im Horizont von Jesu Leben und Wirken"

Thema der Gruppe:

Der zeitgeschichtliche Kontext von Jesu Reden und Handeln

Aufgabe:

Charakterisieren / umreißen Sie die

a) politischen,
b) sozialen,
c) religiösen

Verhältnisse in Palästina zur Zeit Jesu.

Literatur:

Josef Blank, Der zeitgeschichtliche Hintergrund im Judentum (Mat. 9/I)
Eduard Lohse, Die sozialen Verhältnisse der Juden (Mat. 9/II)

Die Arbeitszeit der Gruppen beträgt 3 Schulstunden. Für die anschließende Präsentation der Ergebnisse stehen jeder Gruppe 25–30 Minuten zur Verfügung. Die Hauptpunkte der Gruppenergebnisse sollen schriftlich auf Matrize zusammengefaßt und vervielfältigt werden.

Aufgabenblatt zur Gruppenarbeit 2
innerhalb der Unterrichtssequenz
„Gottesglaube im Horizont von Jesu Leben und Wirken"

Thema der Gruppe:

Die Mitte des Redens Jesu: Verkündigung der Gottesherrschaft und Aufruf zur Umkehr

Aufgaben / Arbeitsfragen:

– Welche Vorstellungen verbinden die Menschen der Zeit Jesu mit dem Ausdruck „Königsherrschaft Gottes",
und wie versteht Jesus den Ausdruck?

– Worin besteht das eigentlich Neue von Jesu Basileia-Verkündigung?

– Was ist unter der Spannung von „schon jetzt – aber noch nicht" in Jesu Verkündigung der Gottesherrschaft zu
verstehen?

– In welchen Bildern kündigt Jesus die anbrechende Gottesherrschaft an?

– Wie verhält sich Jesu Umkehr-Forderung zu seiner Verkündigung der Gottesherrschaft?

– Worin besteht das Wesen der geforderten Umkehr?

Literatur:

Joachim Jeremias, Die anbrechende königliche Herrschaft Gottes (Mat. 10/I)
Rudolf Schnackenburg, Die Umkehr-Forderung Jesu (Mat. 10/II)

Die Arbeitszeit der Gruppen beträgt 3 Schulstunden. Für die anschließende Präsentation der Ergebnisse stehen
jeder Gruppe 25–30 Minuten zur Verfügung. Die Hauptpunkte der Gruppenergebnisse sollen schriftlich auf
Matrize zusammengefaßt und vervielfältigt werden.

Aufgabenblatt zur Gruppenarbeit 3

innerhalb der Unterrichtssequenz
„Gottesglaube im Horizont von Jesu Leben und Wirken"

Thema der Gruppe:

Die Mitte des Handelns Jesu: Zuwendung zu den Armen

Aufgaben / Arbeitsfragen:

– Wer sind die „Armen", die Jesus vor allen anderen anspricht und denen seine Zuwendung gilt?
– Warum ist es für weite Teile des Judentums skandalös und empörend, daß Jesus sich mit den „Armen" abgibt, für sie eintritt und ihnen von Heil Gottes kündet?
– Wie rechtfertigt und begründet Jesus – etwa gegenüber Vorwürfen der Pharisäer – seine „Solidarisierung" mit den Armen"?

Literatur:

Joachim Jeremias, Die Frohbotschaft für die Armen (Mat. 11/I)
Hans Küng, Solidarisierung (Mat. 11/II)

Die Arbeitszeit der Gruppen beträgt 3 Schulstunden. Für die anschließende Präsentation der Ergebnisse stehen jeder Gruppe 25–30 Minuten zur Verfügung. Die Hauptpunkte der Gruppenergebnisse sollen schriftlich auf Matrize zusammengefaßt und vervielfältigt werden.

Aufgabenblatt zur Gruppenarbeit 4
innerhalb der Unterrichtssequenz
„Gottesglaube im Horizont von Jesu Leben und Wirken"

Thema der Gruppe:

Jesu Tod und Auferstehung

Aufgaben / Arbeitsfragen:

– Warum und aufgrund welcher Rechtsvorschriften wurde Jesus zum Kreuzestod verurteilt?

– Wie wurde die Kreuzesstrafe in der Antike beurteilt? In welchen Fällen wurde sie von den Römern verhängt?

– Warum führte der Karfreitag die Jünger in eine radikale Krise?

– Wie ist erklärbar, daß die Jünger trotz der Katastrophe des Todes Jesu seine Sache weiterführten? Was ist unter der Oster-Evidenz zu verstehen, und wie kam sie zustande? Welche Verstehensprobleme verbinden sich mit den neutestamentlichen Zeugnissen von der Auferstehung Jesu?

Literatur:

Hans Conzelmann / Andreas Lindemann, Das historische Problem der Verurteilung Jesu (Mat. 12/I)
Die Kreuzesstrafe in der antiken Welt (Mat. 12/II)
Hans Küng, Umsonst? (Mat. 12/III)
Rudolf Pesch, Jesu Auferweckung und die Oster-Evidenz (Mat. 12/IV)
Hans Küng, Der Grund des Glaubens an die Auferweckung Jesu (Mat. 12/V)

Die Arbeitszeit der Gruppen beträgt 3 Schulstunden. Für die anschließende Präsentation der Ergebnisse stehen jeder Gruppe 25–30 Minuten zur Verfügung. Die Hauptpunkte der Gruppenergebnisse sollen schriftlich auf Matrize zusammengefaßt und vervielfältigt werden.

Materialien und Medien:
- Blätter 1–4 mit den Arbeitsaufgaben der Gruppen
- Literatur zu den vier Themen der arbeitsteiligen Gruppenarbeit (Mat. 9–12)

Materialien und Medien für die Vorbereitung der Ergebnispräsentation: s. vorderen Textteil

Unterrichtsverlauf	Methoden / Sozialformen	Kommentare und Resultate
Phase 1: Selbständiges Erarbeiten der Themen der NT-Sequenz (8./9. Stunde)	Gruppenarbeit (aufgabenteilig): – Thema 1: Der zeitgeschichtliche Kontext von Jesu Reden und Handeln – Thema 2: Die Mitte des Redens Jesu: Verkündigung der Gottesherrschaft und Aufruf zur Umkehr – Thema 3: Die Mitte des Handelns Jesu: Zuwendung zu den Armen – Thema 4: Jesu Tod und Auferstehung	Arbeitsfragen und Literaturangaben zu den Themen 1–4 s. Aufgabenblätter Diese Phase muß spätestens mit der 9. Stunde abgeschlossen sein.
Phase 2: Vorbereiten der Gruppenvorträge (10. Stunde)	Gruppenarbeit (aufgabenteilig)	In dieser Phase der Gruppenarbeit greift der Lehrer stärker ein. Er gibt den Gruppen Anregungen, indem er mögliche Gestaltungselemente für die Ergebnispräsentation umreißt (vgl. die Gestaltungsvorschläge im vorderen Textteil bei der Darstellung der 11.–14. Stunde).

11.–14. Stunde:
Auswertung der arbeitsteiligen Gruppenarbeit zu „Gottesglaube im Horizont von Jesu Leben und Wirken"

Gottesglaube –
Atheismus

Materialien und Medien:
– Dia: M. Grünewald, Isenheimer Altar, Auferstehung (Schwarzweiß-Reproduktion Mat. 13)
– Dia- und Overheadprojektor, Folie, Folienstifte
– Kassettenrecorder, Tonbandkassette
– DIN-A2-Plakate
– Klebeband, Reißnägel
– Hektogramme: Ergebnisse der Gruppenarbeit 1–4 (Zusammenfassung)

Unterrichtsverlauf	Methoden / Sozialformen	Kommentare und Resultate
Phase 1: Präsentation der Ergebnisse der arbeitsteiligen Gruppenarbeit (= 11. – Mitte 13. Stunde)	Gruppenvortrag – Thema 1: Der zeitgeschichtliche Kontext von Jesu Reden und Handeln – Thema 2: Die Mitte des Redens Jesu: Verkündigung der Gottesherrschaft und Aufruf zur Umkehr – Thema 3: Die Mitte des Handelns Jesu: Zuwendung zu den Armen – Thema 4: Jesu Tod und Auferstehung	Hinweis des Lehrers: Die Schüler sollen die Fragen, die sich bei den Gruppenvorträgen ergeben, für das abschließende Plenumsgespräch aufnotieren. Vortrag 1 Gestaltungselemente: – Übersicht auf Folie – Referat – Rollenspiel (ausführlichen Vorschlag zur Gestaltung s. im vorderen Textteil) Vortrag 2 Gestaltungselemente: – Tonband-Feature – Referat – TA (ausführlichen Vorschlag zur Gestaltung s. im vorderen Textteil) Vortrag 3 Gestaltungselemente: – Rollenspiel oder Comics – Referat (ausführlichen Vorschlag zur Gestaltung s. im vorderen Textteil) Vortrag 4 Gestaltungselemente: – Referat – Bildbetrachtung (ausführlichen Vorschlag zur Gestaltung s. im vorderen Textteil)

Unterrichtsverlauf	Methoden / Sozialformen	Kommentare und Resultate
Phase 2: Besprechen der von den Gruppen vorgetragenen Ergebnisse (= Mitte 13.–14. Stunde)	<u>Gesprächsrunde</u> I. Sammeln der Schülerfragen zu den Gruppenvorträgen Impuls: Was blieb für Sie bei den Gruppen- vorträgen unklar, was haben Sie nicht verstanden, was müßte noch näher besprochen werden? II. Beantworten der Fragen durch die Gruppen (und den Lehrer) III. Reflexion Fragen: 1. Welche Gesichtspunkte zum Thema „Gottesglaube" fallen Ihnen im Rück- blick auf Jesu Leben und Wirken ein? 2. Lassen sich von Jesu Leben und Wirken her Grunderfahrungen des Glaubens aufzeigen?	Die Schüler sitzen im Kreis. Sie stellen ihre Fragen zu den Gruppenvorträgen. Der Lehrer schreibt die Fragen mit. zum Vorgehen s. vorderen Textteil <u>Mögliche Ergebnisse:</u> Ad 1. – Gottes Reich wächst hier und jetzt, aber seine Vollendung sprengt die Grenzen dieser Welt. – Gott ist den Menschen bedingungslos zugewandt. Seine Forderungen an die Menschen sind die Konsequenz aus der bedingungslosen Zuwendung. – Gott ist parteiisch für die „Armen". – „Gottesglaube" stellt das Establishment in Frage. – Glaubwürdiger Gottesglaube ist praktizierter Glaube: Jesus, der Gottes Liebe verkündet, lebt diese Liebe. – Auch die radikale Sinnkrise und die Verzweiflung gehören zum Gottes- glauben. – In Jesu Auferweckung steht Gott zu dessen Botschaft vom gekomme- nen Heil. Ad 2. – Erfahrung der Befreiung (im Wort: Zusage von Gottes Liebe und Gnade; in der Tat: Zuwendung zu den „Armen") – Erfahrung des Scheiterns (Zusammenbruch aller Hoffnungen: Karfreitag) – Erfahrung der Erfüllung und Vollendung durch die Katastrophe hin- durch (Begegnung mit dem auferweckten Gekreuzigten: Ostern)

Die von den Gruppen angefertigten und vervielfältigten Zusammenfassungen der Arbeitsergebnisse werden ausgeteilt.

Hausaufgabe: Lesen Sie zur Nachbereitung der NT-Sequenz die Zusammenfassung der Gruppenergebnisse!

ERGEBNISSE der Gruppenarbeit 1

innerhalb der Unterrichtssequenz
„Gottesglauben im Horizont von Jesu Leben und Wirken"

Der zeitgeschichtliche Kontext von Jesu Leben und Wirken.

I. Die politischen Verhältnisse

63 v. Chr. erobert Pompeius Jerusalem; Palästina wird der römischen Herrschaft unterworfen und in die Provinz Syrien eingegliedert. 40 v. Chr. erhält Herodes das Land zurück; zwar ist er ein König von Roms Gnaden, doch kann er in seinem Gebiet, das Judäa, den Küstenstreifen, Samaria, Galiläa und ostjordanische Teile umfaßt, unangefochten regieren.

Nach Herodes' Tod 4 v. Chr. wird Palästina unter seinen Söhnen aufgeteilt. Bereits 6 n. Chr. wird Archelaus seiner Herrschaft über Samaria, Judäa und Idumäa wegen Grausamkeit enthoben und der Süden direkt einem römischen Prokurator unterstellt. Trotzdem bleibt in diesem Gebiet eine gewisse jüdische Selbstverwaltung möglich.

An der Spitze der jüdischen Selbstverwaltung in Judäa steht der Hohepriester; als Vorsitzender des 70 Mitglieder umfassenden Hohen Rats (Synedrium) repräsentiert er einerseits das Volk gegenüber dem römischen Prokurator, und andererseits hat er die Oberaufsicht über den Tempelkult in Jerusalem.

II. Die sozialen Verhältnisse

1. Wirtschaftliche Verhältnisse

Von einer kleinen Oberschicht in Jerusalem und wenigen Großgrundbesitzern in Galiläa und der Jordanebene abgesehen, lebt die jüdische Bevölkerung Palästinas durchweg recht bescheiden. Der Lebensunterhalt wird auf dem Land weitgehend durch Landwirtschaft, in den Städten besonders durch Handwerk und Kleinhandel bestritten. Haben die Kleinbauern Land zu eigen, ist es meist karg und wenig ertragreich. Das fruchtbare Land dagegen ist in der Hand der Großgrundbesitzer; es kann gepachtet werden, doch führen die hohen Abgaben in vielen Fällen zur Verarmung der Pächter. Nicht viel besser als die bäurische Bevölkerung lebt das Gros der Handwerker, die als Weber, Walker, Schneider, Schmiede, Schreiber oder Töpfer arbeiten. Infolge der Armut ist die Bettelei weit verbreitet.

2. Familiäre Verhältnisse

Das Familienleben ist patriarchalisch geordnet. Der Vater ist für den Lebensunterhalt der Familie, aber auch für die Religions- und Kultausübung in der Familie verantwortlich. Die Ehefrau ist dem Ehemann untergeordnet, ebenso sind die Töchter hinter den Söhnen zurückgestellt. Der Unterordnung der Frau entsprechend ist es (nach Dt 24,1) nur dem Mann erlaubt, die Ehe aufzulösen, indem er an ihr etwas „Schändliches" findet, wenn er an ihr etwas „Schändliches" findet.

3. Die Stellung der Frau in der Öffentlichkeit

Die Frau kann weder vor Gericht als Zeugin auftreten noch im Kult handeln. Im Tempelbezirk dürfen die Frauen nur bis in den Frauenvorhof gehen (der zwischen Heidenvorhof und Männervorhof liegt), und an der synagogalen Liturgie können sie zwar teilnehmen, aber nicht aktiv mitwirken.

III. Die religiösen Verhältnisse

Die jüdische Religion der Zeit Jesu beruht auf zwei Pfeilern, dem Tempelkult und der Gesetzesfrömmigkeit. Als Ort des Tempels und heilige Stadt ist Jerusalem, der auserwählte Mittelpunkt der Judenschaft der ganzen „Ökumene" (Blank). Zu den großen Festen wie Pascha- oder Laubhüttenfest strömen alljährlich Scharen von Wallfahrern dorthin.

Die Gesetzesfrömmigkeit hat ihre Grundlage in einem intensiven Gesetzesstudium und einer Gesetzesauslegung; beides wird vor allem von dem Stand der sogenannten Schriftgelehrten betrieben.

Die jüdische Religionsgemeinschaft ist trotz der skizzierten Fixpunkte keine homogene, in sich geschlossene Größe. Drei (politisch-)religiöse Gruppierungen können unterschieden werden:

1. SADDUZÄER: Angehörige der Oberschicht, vor allem des priesterlichen Hochadels in Jerusalem; großer politischer Einfluß, da sie den Hohepriester stellen und im Synedrium die Mehrheit haben; auf gutes Einvernehmen mit den Römern bedacht, daher gegen die politisch-revolutionären Bewegungen eingestellt; in religiöser Hinsicht konservativ, anerkennen als verbindliche Quelle des Glaubens nur die geschriebene Moses-Tora (5 Bücher Mose), kennen keine Endzeitvorstellung und lehnen den Auferstehungsglauben ab.

2. PHARISÄER: Laienbewegung, Zusammenschluß zu Genossenschaften; politisch gemäßigt, ohne ausgeprägtes Programm; strenge Beobachtung der religiösen und sozialen Regeln der Tora; Übernahme der priesterlichen Reinheits- und Gebetsvorschriften; halten neben der Tora auch die Auslegungstradition für verbindlich; sind offen für die neuen Glaubensvorstellungen der Apokalyptik, den Auferstehungsglauben und die messianischen Hoffnungen.

3. ZELOTEN: Politische Widerstandsgruppe; militante Ablehnung der römischen Herrschaft, anerkennen Gott allein als ihren Herrn und König; scheuen nicht vor Mord und Totschlag zurück, sind der Meinung, daß man dem Kommen der Gottesherrschaft nachhelfen müsse, notfalls mit Gewalt; stimmen in den religiösen Auffassungen und der religiösen Praxis weitgehend mit den Pharisäern überein.

ERGEBNISSE der Gruppenarbeit 2

innerhalb der Unterrichtssequenz
„Gottesglauben im Horizont von Jesu Leben und Wirken" (Zusammenfassung)

Die Mitte des Redens Jesu: Verkündigung der Gottesherrschaft und Aufruf zur Umkehr

I. Der Begriff der „Königsherrschaft Gottes" (basileia tou theou)

Die Verkündigung der „Königsherrschaft Gottes" ist das Zentralthema der Verkündigung Jesu; das zeigt schon die Häufigkeit des Vorkommens von „basileia" in den synoptischen Jesus-Worten, die auffällig mit der sonst seltenen Verwendung des Begriffs im zeitgenössischen Judentum kontrastiert.

Die Idee der „Königsherrschaft Gottes" hat im antiken Judentum grundsätzlich zwei Dimensionen: So wie (insbesondere von den Rabbinen) zwei Äonen, der gegenwärtige und der zukünftige, unterschieden werden, so unterscheidet man auch zwischen einer gegenwärtigen Herrschaft Gottes in diesem Äon und einer zukünftigen Königsherrschaft Gottes im neuen Äon.

Unter Gottes gegenwärtiger Königsherrschaft versteht das antike Judentum Gottes Herrsein über Israel. Es ist eine begrenzte und verborgene Herrschaft, „weil Israel unter der Knechtschaft der Heidenvölker steht, die die Königsherrschaft Gottes verwerfen" (Jeremias, 102).

Die Dissonanz, daß Gott Herr und König über Israel ist, aber das von ihm regierte Volk den Heiden unterworfen ist, löst sich auf, wenn die Stunde des neuen Äons kommt und die endgültige Heilszeit, die Zeit der Vollendung anbricht; dann wird „Israel befreit werden, die Königsherrschaft Gottes wird sich in ihrer ganzen Herrlichkeit offenbaren, und die ganze Welt wird Gott als König sehen und anerkennen" (a. a. O.).

Was nun meint Jesus, wenn er von Gottes Königsherrschaft spricht? Denkt er an die gegenwärtige oder die zukünftige Gottesherrschaft – oder an eine Kombination beider? Der Befund ist eindeutig. In Jesu Mund hat der Ausdruck immer eschatologische Bedeutung und bezeichnet die Heilszeit, die endgültig die zerstörte Gemeinschaft zwischen Gott und Mensch wiederherstellt. Allerdings aber verkündet Jesus die eschatologische Gottesherrschaft, und dazu gibt es im zeitgenössischen Judentum keine Analogie, in einer eigentümlichen Doppelschichtigkeit: als künftiges Ereignis und doch auch als gegenwärtige Wirklichkeit.

II. Das Neue in Jesu Verkündigung der Gottesherrschaft; Spannung von „Schon-Jetzt" und „Noch-Nicht"

Mit der Apokalyptik und namentlich Johannes dem Täufer teilt Jesus die Erwartung, daß die eschatologische Königsherrschaft Gottes nahe ist. Aber die Ankündigung der nahen Endzeit ist nur die eine Seite von Jesu Botschaft. Er verknüpft sie in einzigartiger Weise mit der Proklamation des „Schon-Jetzt" des Heils. Nicht nur in seinen Worten, auch in seinen Taten bezeugt Jesus: „Mit mir bricht die Weltvollendung an. Die Erfüllungszeit ist schon da, die Heilszeit hat schon begonnen, denn ‚Blinde sehen, Lahme gehen ...' (Lk 7,22; vgl. Jes 35,5ff)".

Jesu eschatologische Verkündigung hat also präsentischen und futurischen Charakter. Einerseits ist mit dem Kommen und Wirken Jesu die Heilszeit schon angebro-

chen – seine Wundertaten sind ein machtvolles Zeugnis hierfür –, und andererseits steht die Vollendung des Heils, der Gottesherrschaft, noch aus. Dieses Auseinanderfallen in Präsens und Futur, in „Schon-Jetzt" und „Noch-Nicht", hat eine weitreichende Konsequenz, die sich deutlich in der Zweiteilung der Bergpredigt widerspiegelt: Am Anfang steht die Heilszusage Gottes; doch weil das Heil in seiner Vollendung noch nicht erfüllt ist, ist sie nicht bedingungslos. Nur wer den Willen Gottes in der Stunde des angebrochenen neuen Äons erfüllt, wird in die Basileia als die vollendete Gottesherrschaft und das kosmische Reich eingehen (Mt 7,21).

III. Jesu Bilder für das Anbrechen der Gottesherrschaft

- **Hochzeit:** Die Hochzeit hat begonnen, der Bräutigam ist eingeholt, die Gäste liegen bereits beim festlichen Mahl (vgl. Mk 2,19).

- **Ernte:** Die Stunde der Ernte ist gekommen. Sie ist reif (Mt 9,37 par.), weiß sind die Felder (Jo 4,35).

- **Feigenbaum:** Der Feigenbaum schlägt aus, der Frühling ist da, neues Leben beginnt (Mk 13,28f).

- **Neuer Wein:** Der neue Wein darf nicht in alte Schläuche gegossen werden; er zerrisse sie (Mk 2,22 par.).

- **Neues Tuch:** Niemand näht ein Stück ungewalktes neues Tuch auf ein altes Kleid; das eingesetzte neue Stück risse weg (Mk 2,21).

IV. Der Aufruf zur Umkehr

Mit Jesus ist die alte Zeit vollendet und der neue Äon, das endgültige Heilshandeln Gottes angebrochen. Doch diese Endzeit wird nicht nur Segen bringen, sondern auch Verderben: „Weil das Evangelium das größte Heil darbietet, wirkt es zugleich das größte Unheil. An der Gnade entsteht die Schuld" (Jeremias, 122).

Die Zeit für Gottes Heilsangebot ist begrenzt, denn die Weltvollendung und Gottes Gericht sind nahe. Deshalb hat Jesu Bußruf „Kehrt um" auch eine ungeheure Dringlichkeit: Jeder Augenblick kann der letzte sein, also kehrt um, solange es noch Zeit ist. Umkehr – das ist das Gebot der Stunde. Und doch ist bei Jesus nicht die Angst vor dem Gottesgericht – wie etwa bei Johannes dem Täufer –, sondern ein anderes Motiv der Buße entscheidend: die Erfahrung der unbegreiflichen Güte und Liebe Gottes. An der Gnade soll die Umkehr entstehen.

Am Anfang steht die Zusage Gottes als Geschenk. Wie der wie die Kinder werden, d. h. „Abba" sagen lernen, und auf Gottes Güte vertrauen, das soll die erste unmittelbare Antwort sein. Aber, und dieses „Aber" ist wichtig, das neue Gottesverhältnis ist verbunden mit einem neuen Gottesrecht. Das Angenommensein durch Gott muß sich durchschlagen auf das Leben des Basileia-Menschen – vertikal und horizontal, in der Beziehung zu Gott und zum Mitmenschen. Ohne unbedingten Einsatz und unbedingte Entschlossenheit für die Basileia ist der Heilsanspruch verloren.

ERGEBNISSE der Gruppenarbeit 3
innerhalb der Unterrichtssequenz
„Gottesglauben im Horizont von Jesu Leben und Wirken" (Zusammenfassung)

Die Mitte des Handelns Jesu: Zuwendung zu den „Armen"

Es ist ein entscheidender Zug von Jesu Basileia-Verkündigung, daß sie ausdrücklich an die „Armen" adressiert ist. Als der inhaltierte Johannes der Täufer zweifelnd anfragen läßt „Bist du es, der da kommen soll...?" zählt Jesus in einem sechsfachen Parallelismus (der eine freie Zitatkombination von Jes 35,5ff und 29,18f mit 61,1 darstellt) die Zeichen der angebrochenen Heilszeit auf. In den Sätzen 1–5 redet er von Gottes Machttaten, in Satz 6 von seiner Wort: „Armen wird frohe Botschaft verkündet". Daß dieser sechste Satz den Ton trägt, geht schon aus seiner Stellung am Schluß hervor, dann auch aus der an- und abschließenden Wendung. „Selig, wer an mir keinen Anstoß nimmt". Sie kann sich von der Sache her nicht (direkt) auf die ersten fünf Sätze, sondern nur auf den letzten Satz beziehen. Wenn Jesus den selig preist, dem die Frohbotschaft für die Armen nicht zum Ärgernis wird, ist die Wichtigkeit der Aussage des letzten Satzes unterstrichen. Die frohe Botschaft, die Jesus den „Armen" verkündet, lautet (nach der ersten Seligpreisung Lk 6,20): Gott ist mit euch, ihr habt teil an seinem Reich, das im Kommen ist. Diese Heilszusage gewänne freilich die Hörer nicht, wenn nicht Jesus in seinem ganzen Verhalten seiner Verkündigung entspräche. Nur wenn sein Handeln ohne Einschränkung und Abstriche eben diesen „Armen" zugewandt ist, denen er die frohe Botschaft von Gottes Heilsangebot predigt, ist sein Wort glaubwürdig. Doch wer sind überhaupt die „Armen", denen Jesus „frohe Botschaft verkündet" und für die er tätig Partei ergreift?

I. Welche „Armen"?

1. Die „Armen" nach Jes 61,1ff

Die „Armen", denen Jesus in Wort und Tat sich zuwendet, sind nicht mit einer gesellschaftlichen Schicht, etwa dem Proletariat, zu identifizieren. Wer diese „Armen" sind, läßt sich von zwei Aspekten her beantworten: mit Blick auf den Kontext von Jes 61,1 und mit Blick auf die unterschiedlichen Bezeichnungen der Anhänger Jesu, die sich in den Evangelien finden:

In seiner Antwort an den Täufer zitiert Jesus Jes 61,1: „Frohe Botschaft den Armen zu bringen hat er mich gesandt". Im Kontext dieser Jesajas-Stelle wird der Begriff „Arme" durch eine Reihe von Parallelausdrücken erläutert. Es alternieren mit ihm die Wendungen: „die zerbrochenen Herzens sind", „die in Haft Befindlichen", „die Gefesselten" (v. 1), die „Trauernden" (v. 2), die verzagenden Geistes sind" (v. 3). Die „Armen", die Jesaias und mit ihm Jesus meint, sind also die Niedergedrückten im umfassenden Sinn: „die Bedrängten, die sich nicht verteidigen können, die Verzweifelten, die Heillosen" (Jeremias, 115).

2. Bezeichnungen der Anhänger Jesu in den Evangelien

Jesu Anhänger werden in den „synoptischen" Evangelien wiederholt als „Zöllner und Sünder" (Mk 2,15f par; Mt 11,19par; Lk 15,1) oder als „Zöllner und Huren" (Mt 21,32) oder einfach als „Sünder" (Mk 2,17; Lk 7,37.39; 15,2; 19,7) benannt. Wie Mt 11,19 par und

Lk 7,34 deutlich machen, sind diese Bezeichnungen von den Gegnern Jesu geprägt worden. Der Begriff „Sünder" ist in der Umwelt Jesu ein Schimpfwort. Im Gegensatz zum Begriff des „Gerechten" und „Gottesfürchtigen" bezeichnet er allgemein alle die, die notorisch Gottes Gebot mißachten: speziell wird er dann, von seiner Anwendung auf alle Nichtjuden (Heiden) abgesehen, für die Menschen gebraucht, die verachtete Berufe ausüben. Die Zöllner sind der Typus des Sünders schlechthin: Betrüger, die unfähig zur Buße sind, weil sie gar nicht mehr wissen können, wen sie alles um wieviel betrogen haben. Öfter werden Jesu Anhänger auch als „die Kleinen" (Mk 9,42; Mt 10,42; 18,10.14) oder als die „Einfältigen" (Mt 11,25 par) bezeichnet. Wieder ist zu vermuten, daß es sich um Schimpfworte der Gegner Jesu handelt. Die „Einfältigen" und „Kleinen" – das sind die Menschen ohne religiöse Bildung, die aufgrund ihrer Unkenntnis gar nicht fromm und moralisch leben können.

II. Jesu Umgang mit den „Armen" – ein Skandal

Daß Jesus sich um Kranke – Krüppel, Aussätzige, Besessene – kümmert, daß er Frauen in seiner nächsten Umgebung duldet, daß er parteilich ist für die armen Leute und selbst in Armut lebt – das alles möchte ja noch angehen, aber daß er sich mit den moralischen Versagern, den notorischen „Sündern" einläßt, ist für die Frommen schlechthin skandalös. Nicht genug, daß Jesus den moralischen Versagern ohne Einschränkung und Vorbedingung Gottes Vergebung und Heil zuspricht. Er läßt auch noch die Tat folgen und setzt sich mit diesen Leuten zu Tisch!

Um Jesu Tat zu ermessen, muß man sich vergegenwärtigen, „daß im Orient die Aufnahme eines Menschen in Heilsgemeinde Gottes. Jesu Einschluß der moralischen Versager in die Tischrunde ist der sinnfälligste Ausdruck seiner Botschaft vom verzeihenden Gott. Die Frommen müssen Jesu Solidarisierung mit den Sündern als Schlag ins Gesicht empfinden. Der gerechte Gott, an den sie glauben, kann die Sünder doch nur verdammen: „Diese Menge, die das Gesetz nicht kennt, steht unter Gottes Fluch" (Jo 7,49). Daher ist es geradezu eine religiöse Pflicht, sich von den Sündern fernzuhalten. Beim Umgang mit den Sündern steht „die Reinheit des Gerechten, seine Zugehörigkeit zum Bereich des Heiligen und Göttlichen auf dem Spiel" (O. Betz, zit. n. Jeremias, 120). Gewiß kennt auch der fromme Jude einen Gott, der barmherzig ist und vergeben kann. Aber wem vergibt dieser Gott? Nur dem Gerechten; dem Sünder also nur dann, wenn er durch Buße und Umkehr ein Gerechter geworden ist.

die Tischgemeinschaft bis auf den heutigen Tag eine Ehrung darstellt, die Gewährung von Frieden, Vertrauen, Bruderschaft und Vergebung bedeutet" (Jeremias, 117). Tischgemeinschaft ist Lebensgemeinschaft, und im Judentum speziell ist sie immer auch Gemeinschaft vor Gottes Augen.

Wenn Jesus sich also mit den „Sündern" zu Tisch setzt, dann zeigt er für alle sichtbar: gerade diese gehören zur

ERGEBNISSE der Gruppenarbeit 3 (Fortsetzung)

innerhalb der Unterrichtssequenz
„Gottesglauben im Horizont von Jesu Leben und Wirken" (Zusammenfassung)

III. Jesu Rechtfertigung seiner Frohbotschaft und Zuwendung an die Armen

Jesu Botschaft, daß die Verachteten, die religiös Unge-
bildeten und die moralischen Versager, Gott näher stehen als die Frommen, und Jesu entsprechende Praxis
rufen namentlich in pharisäischen Kreisen einen Sturm
der Entrüstung hervor. Jesus muß sich rechtfertigen,
und er gibt in Form von Gleichnissen und Bildern vor-
nehmlich drei Begründungen:

1. Die Sünder gleichen Kranken, und kranke Menschen brauchen, anders als die Gesunden, den Arzt
(Mk 2,17).

2. Die Gerechten sind selbstgerecht und daher Gott
ferner als die Sünder. Sie folgen nur vordergründig
Gottes Ruf, in Wirklichkeit aber verschließen sie sich
Gott, weil sie zu gut von sich selbst denken.

3. Die folgende Begründung ist die eigentlich entscheidende. Sie besteht in dem Hinweis auf Gottes Wesen.
Gott ist unendlich gütig, seine Liebe zu den Menschen ist grenzenlos. Er gleicht dem Vater, der dem
verlorenen Sohn entgegenläuft und aus Freude über
dessen Wiederkehr ein großes Fest veranstaltet (vgl.
Lk 15,11 ff).

Da Jesus zur Rechtfertigung seiner Solidarisierung mit
den Sündern sich auf Gottes gütiges Erbarmen mit den
Sündern beruft, ist klar: „Jesus beansprucht in seinem
anstößigen Handeln, die Liebe Gottes zu realisieren; er
beansprucht also, als Stellvertreter Gottes zu handeln"
(Jeremias, 121). In seinem Wort und seiner Tat aktuali-
siert sich die Liebe Gottes zu den „Armen".

Im Kaufpreis ist eine Gebühr für Kopien dieser Seite zur Ausgabe an Schüler enthalten. Ernst Klett Verlage GmbH u. Co. KG, Stuttgart
Beilage zu 926745

ERGEBNISSE der Gruppenarbeit 4
innerhalb der Unterrichtssequenz „Gottesglauben im Horizont von Jesu Leben und Wirken" (Zusammenfassung)

Jesu Tod und Auferstehung

I. Der Prozeß Jesu

Das Prozeßverfahren gegen Jesus kann nicht sicher rekonstruiert werden. Klar ist im Grunde nur, daß der jüdische Hohe Rat und die römische Besatzungsmacht beim Prozeß und der Verurteilung Jesu zusammengearbeitet haben. Welcher Art diese Zusammenarbeit im einzelnen war, darüber gehen die Meinungen auseinander. Mit einiger Wahrscheinlichkeit kann folgende Version vertreten werden:

- Das Synedrium mag zwar die Kapitalgerichtsbarkeit (das Recht, Todesstrafen zu verhängen) besessen haben; aber wenn sich der römische Statthalter in Jerusalem aufhielt, war es stets so, daß Kapitalprozesse vor seinem Tribunal durchgeführt wurden.
- Es ist daher davon auszugehen, daß vor dem Hohen Rat gegen Jesus kein regelrechtes Verfahren nach jüdischem Prozeßrecht stattgefunden hat, sondern nur ein Verhör, um die Anklagepunkte zu Händen des römischen Prokurators genau zu bestimmen.
- Die Motive, die den Hohen Rat bewegten, gegen Jesus vorzugehen und ihn bei der römischen Behörde anzuklagen, waren primär religiöser Art (Irrlehre, falsche Prophetie, Gotteslästerung). Da aber eine religiöse Anklage für die Römer kein Prozeß- und Verurteilungsgrund gewesen wäre, wurde er ihnen unter politischen Verdächtigungen in die Hand gegeben.
- Die Verurteilung zum Kreuzestod weist darauf hin, daß im Mittelpunkt des römischen Prozesses der Vorwurf stand, Jesus sei ein (potentieller) Rebell gegen die römische Macht (vgl. II).

II. Der Kreuzestod: die allerschlimmste Hinrichtungsart bei den Römern

Es scheint, daß die Römer die Hinrichtungsart der Kreuzigung von den Puniern übernommen haben. Bereits in der Zeit der Republik ist die Kreuzigung eine typische Sklavenstrafe gewesen. In der Kaiserzeit wurde sie auch Fremden gegenüber angewandt, die nicht im Besitz des römischen Bürgerrechts waren. Über den römischen Provinzen durfte sie nicht verhängt werden. In der Kreuzigung eines der Mittel, um Ordnung und Sicherheit aufrechtzuerhalten. Die Statthalter ließen vor allem die Freiheitskämpfer, die die Loslösung von der römischen Oberherrschaft anstrebten, den Sklaventod am Kreuz sterben.

Die Kreuzigung galt im römischen Recht wegen der besonderen Grausamkeit, die mit ihr verbunden war, als äußerste Strafe und höchste Qual. Im allgemeinen Denken und Empfinden des römischen Volkes war sie die abscheulichste und schändlichste Strafe schlechthin; dies bezeugen Ciceros Sätze aus seiner Verteidigungsrede „Pro Rabirio": „...der Henker, die Verhüllung des Hauptes und schon das bloße Wort Kreuz sei nicht nur von Leib und Leben der römischen Bürger verbannt, sondern auch von ihren Gedanken, Augen und Ohren. Denn nicht erst die (...) Erduldung, sondern (...) bereits die bloße Erwähnung aller dieser Dinge ist eines römischen Bürgers und freien Menschen unwürdig."

III. Die Krise des Karfreitags

Jesus war mit dem Anspruch aufgetreten, daß in Zeichen seines Wirkens die endgültige Herrschaft Gottes angebrochen sei, daß er in Wort und Tat den definitiven Willen Gottes kundtue, daß er durch die Erneuerung der Menschen die Gemeinschaft mit Gott vermittle, kurz: daß an seiner Person sich Heil oder Unheil entscheide. Die Jünger hatten Jesus geglaubt und alles verlassen, um ihm nachzufolgen. Und nun mußten sie erleben, daß der, den sie für den Heilsbringer gehalten hatten, den allerschändlichsten Tod, den Tod am Kreuz starb. Der, der das Volk um sich sammeln und ins Heil bringen wollte, war nach höchstrichterlichem Urteil der römischen Behörde ein Volksaufrührer, der die schlimmste Strafe verdient hatte. Nach den Maßstäben der Tora, die Gottes Behörde, war per Fluch Gottes ausgesprochen, denn „ein Gehenkter ist ein von Gott Verfluchter" (Dt 21,23). In der Kreuzigung Jesu war für alle jüdischen Augen öffentlich sichtbar geworden: Dieser war nicht Gottes berufener Bote, er war ein Gotteslästerer und Lügenprophet, den Gottes Fluch getroffen hat.

IV. Die Oster-Evidenz

Wie ist es erklär- bzw. vorstellbar, daß die Jünger Jesu, die nach dessen schmählicher Hinrichtung am Kreuz zunächst Hals über Kopf und in völliger Verzweiflung aus Jerusalem geflohen waren, kurze Zeit später gegen allen Augenschein vertreten und behaupten konnten: Jesus war der Messias, er ist nicht nur unschuldig gewesen, sondern die Verkörperung des unsichtbaren Gottes(willens); in der Auswirkung seines Todes kulminiert die Vollendung der Welt?

Die einfache, herkömmliche Antwort lautet: Die Entdeckung des leeren Grabes brachte die Jünger zur Umkehr (und zu dem Glauben, daß Gott den Gekreuzigten nicht verlassen, sondern aus dem Tod zu neuem Leben erweckt (und damit als seinen authentischen Gesandten bestätigt) hat. Doch überzeugt diese Antwort nicht: Vom Problem der Historizität der biblischen Grabesgeschichten einmal ganz abgesehen, ist klar: Die Tatsache des leeren Grabes kann auf verschiedene Weise erklärt werden und ist daher als Phänomen zu vieldeutig, als daß sie der Grund des Auferweckungsglaubens sein könnte.

Wenn aber das leere Grab den Osterglauben nicht begründete, fragt sich, wodurch sonst für die Jünger zur Gewißheit werden konnte: Der Gekreuzigte hatte trotz allem recht; denn er wurde auferweckt und lebt? Die sogenannten Bekenntnisformeln der Apostelgeschichte und der neutestamentlichen Briefe bezeugen: Der Glaube an die Auferweckung Jesu gründet in Erscheinungen des Auferstandenen. Freilich bringt auch dieser Befund erhebliche Schwierigkeiten. In der Exegese ist ein langer Streit um die Frage geführt worden, ob die Erscheinungen des Auferstandenen ein subjektives (inneres) oder ein objektives (äußeres) oder

ERGEBNISSE der Gruppenarbeit 4 (Fortsetzung)

innerhalb der Unterrichtssequenz
„Gottesglauben im Horizont von Jesu Leben und Wirken" (Zusammenfassung)

überhaupt ein Sehen implizieren. Doch hat sich der Streit letztlich als unfruchtbar erwiesen, weil sich der Realitätsgehalt und die Evidenz der Erscheinungen auf der Ebene dieser Kategorisierungen gar nicht entscheiden lassen. Wie immer die „Erscheinungen" sich ereignet haben mögen, hat in jedem Fall so viel als sicher zu gelten: In den Vorgängen, die die neutestamentlichen Texte „Erscheinungen des Auferstandenen" nennen, begegneten die Jünger wirklich und personal dem Gekreuzigten als Lebendigem. Die Erscheinungen waren deshalb für die Jünger „Evidenz-Erlebnisse" von höchster Qualität und Gewißheit" (Pesch, 61).

Die Glaubwürdigkeit des Erscheinungszeugnisses, Jesus sei auferstanden und habe sich in seiner Auferstehung endgültig als Messias erwiesen, kann theoretisch und praktisch unterstrichen werden:

– Um den Realitätsgehalt des Erscheinungszeugnisses in Frage zu stellen, müßte theoretisch erklär- und behauptbar sein, die Jünger hätten durch psychische und intellektuelle Verarbeitung des Todes Jesu die Idee von der Auferweckung des Gekreuzigten selbst erzeugt. Das dürfte aber in plausibler Weise kaum möglich sein.

– Daß die Jünger, die in der Nacht des Karfreitags feige geflohen waren, plötzlich mutig vor der Öffentlichkeit auftraten und den eigenen Kopf riskierten, weil sie den hingerichteten Gotteslästerer als „Messias" und „Sohn Gottes" bekannten – diese Praxis der Jünger hätte überhaupt kein fundamentum in re, wenn man nicht die Evidenz der Erscheinungserfahrung voraussetzen könnte.

Im Kaufpreis ist eine Gebühr für Kopien dieser Seite zur Ausgabe an Schüler enthalten. Ernst Klett Verlage GmbH u. Co. KG, Stuttgart
Beilage zu 926745

15./16. Stunde:
Der ontologische Gottesbeweis Anselms v. Canterbury

Materialien und Medien:
– Text: Anselm von Canterbury, Vorwort und Kap. II des „Proslogion" (Mat. 14)
– Folie, Overheadprojektor

Unterrichtsverlauf	Methoden / Sozialformen	Kommentare und Resultate
Phase 1: Aktualisierung des Vorwissens der Schüler zum Problem der Beweisbarkeit Gottes	Gruppenarbeit I. Aufgabe: Läßt sich die Existenz Gottes beweisen? Oder gibt es wenigstens vor der Vernunft ausweisbare Überlegungen, die Gottes Existenz „vermuten" lassen? Diskutieren Sie diese Fragen in der Gruppe. II. Sammeln der Ergebnisse durch Vortrag der Gruppensprecher	Ergebnisse: Gott läßt sich nicht beweisen. Doch gibt es Gründe/Überlegungen, die eine Existenz Gottes andeuten oder sogar nahelegen. Solche Gründe/Überlegungen können sein: – Das Schöne in dieser Welt: Beim Erleben von Schönheit oder Glück kann man die Ahnung eines höheren Wesens gewinnen. – Praktizierter Glaube: Man kann sich kaum vorstellen, daß Menschen aufgrund ihres Glaubens vorbildlich handeln, wenn nicht der existente Gott sie in ihrem Handeln trägt. – Der Anfang der Welt: Wenn man über den Anfang der Welt nachdenkt, stellen einen die naturwissenschaftlichen Erklärungen nicht zufrieden.
Phase 2: Einführung in Anselms „ontologisches Argument"	Lehrerinformation Textlektüre Text: Anselm v. Canterbury, Proslogion, Vorwort und Kap. II Klassengespräch Impuls: Wenn Sie sich, ohne lange nachzudenken, zu Anselms Gottesbeweis äußern sollen: Ist er einleuchtend oder nicht?	Der Lehrer skizziert mit wenigen Strichen Person und Werk Anselms (zum Inhalt s. vorderen Textteil). Im KG soll die unmittelbare Wirkung des Anselmschen Beweises beurteilt werden. In der Regel werden die Schüler sagen: Wir haben so gut wie nichts verstanden. Zugleich werden sie aber zum Ausdruck bringen, daß ihnen das Argument „irgendwie" vernünftig scheint.

Unterrichtsverlauf	Methoden / Sozialformen	Kommentare und Resultate
Phase 3: Analyse des „Anselmschen Arguments"	<u>Partnerarbeit</u> Arbeitsauftrag: – Welches Beweisziel hat Anselm? – Versuchen Sie, das Argument in den entscheidenden Schritten nachzuvollziehen. <u>Ergebnissicherung/Klassengespräch</u> <u>Lehrervortrag</u>	 Ein Schüler stellt die Ergebnisse seiner PA vor. Sie werden an der Tafel festgehalten. Der TA wird dann im Klassengespräch kritisch betrachtet (Herausarbeiten von Fehldeutungen und Lücken, Formulieren von Verbesserungsvorschlägen). Damit Anselms Beweis vollends verstanden wird, entwickelt der Lehrer den Argumentationsgang stringent als eine Folge von drei Schlüssen (s. Folienbild).
Phase 4: Beurteilung von Anselms Argument	<u>Klassengespräch</u> Leitfrage: Wie überzeugend ist Anselms Argument? Problem: Läßt sich von einem Begriff auf die Realität des in ihm Gedachten schließen?	Nach der ersten Textlektüre haben sich die Schüler spontan zu dieser Frage geäußert. Jetzt sollen sie auf der Grundlage eines abgeschlossenen Verständigungsprozesses urteilen. Wenn die Schüler das eigentliche Problem nicht von selbst erkennen, muß der Lehrer es nennen. Hilfreich kann es sein, wenn er kurz Gaunilos und/oder Kants Kritik des ontologischen Arguments anführt.

FOLIENBILD (Kopiervorlage)
Anselms „Ontologischer Gottesbeweis"

Beweisziel

Gesucht ist ein Gedankengang, der aufgrund der ihm eigenen begrifflich-logischen Konsequenz die Existenz Gottes zwingend beweist.

Beweis:

Ausgangspunkt:

Wir glauben Gott als etwas, über dem Größeres nicht gedacht werden kann.

Argumentationsgang:

I   Wenn jemand etwas hört und einsieht, ist es in seinem Intellekt.

Der Tor, der sagen hört, daß Gott etwas ist, über dem Größeres nicht gedacht werden kann, sieht das ein.

Also ist das, über dem Größeres nicht gedacht werden kann, jedenfalls im Intellekt (des Toren).

II   Wenn das, über dem Größeres nicht gedacht werden kann, nur im Intellekt existiert, kann gedacht werden, daß ein Größtes auch tatsächlich (= extramental) existiert.

Tatsächlich existieren ist aber mehr als im Intellekt existieren.

Also ist das, über dem nichts Größeres gedacht werden kann, etwas, über dem Größeres gedacht werden kann.

III Dieser Schluß ist ein Widerspruch.

Er löst sich auf, wenn die Annahme aufgehoben wird, daß Gott nur im Intellekt existiert.

Daraus folgt: Gott existiert sowohl im Intellekt als auch tatsächlich (= extramental).

Materialien und Medien:
- Text: Gespräch mit Jürgen Werner (Mat. 15)
- Text: Aischylos, Der gefesselte Prometheus, vv. 445–471 (Mat. 16)
- Text: J.W. v. Goethe, Prometheus (Mat. 17)
- Text: Volker Braun, Prometheus (Mat. 18)

- Bild: Frans Masereel, Prometheus (Holzschnitt 1954 [Mat. 19])
- Arbeitsblatt (Klassensatz)
- Overheadprojektor, Folie

Unterrichtsverlauf	Methoden / Sozialformen	Kommentare und Resultate
Phase 1: Gegenwartsbezogene Einführung in die Thematik	Textlektüre Auszüge aus einem Gespräch der „Leipziger Volkszeitung" (LVZ) mit Jürgen Werner Klassengespräch 1. Wie erklärt Werner die von Marx/Engels behauptete einzigartige Stellung des klassischen Griechentums innerhalb der Menschheitsgeschichte? 2. Worin besteht nach Werner die Aktualität der antiken Kunst und Literatur? 3. Inwiefern ist der Prometheus-Mythos für eine marxistische Rezeption von Interesse?	Die Schüler lesen still für sich. Ergebnisse (in Stichworten): Ad 1. Entwicklung des Humanismus Wesentliche Ideen: – Mensch: Schöpfer seiner selbst – Geschichte: Prozeß der menschlichen Selbstverwirklichung – Gesellschaft: Ausgewogenes Verhältnis von Individuum und Gemeinschaft Ad 2. Modellhafte Gestaltung dieser Ideen: Daher sind in den antiken Werken die gegenwärtigen Fragen wie in Gleichnissen erkennbar. Ad 3. Symbol menschlicher Schöpferkraft und des Kampfes gegen Unterdrückung
Phase 2: Vergegenwärtigung des antiken Prometheus-Mythos	Schüler- oder Lehrervortrag Der antike Prometheus-Mythos	Grundinformation zu Prometheus: s. Lexikonartikel im vorderen Textteil Tafelanschrieb und Hefteintrag: Der Prometheus-Mythos Quellen: Aischylos, Der gefesselte Prometheus; Hesiod, Theogonie; ders., Erga Inhalt: Prometheus, der Voraus-Denkende: Sohn des Titanen Iapetos. Göttlicher Freund und Vorkämpfer der (von Zeus und den anderen Göttern unterdrückten) Menschen; nach manchen Quellen sogar Schöpfer der Menschen. Seine größte Tat für die Menschen: Er stiehlt das Feuer, das Zeus den Menschen vorenthält, aus dem Himmel.

Unterrichtsverlauf	Methoden / Sozialformen	Kommentare und Resultate
		Zeus' Strafe für den Diebstahl: Er läßt P. an einen Felsen im Kaukasus schmieden, wo ihm ein Adler Tag für Tag die nachts nachwachsende Leber zerhackt, und den Menschen schickt er die schöne Pandora, die eine Büchse voller Übel mitbringt. Wirkungsgeschichte: Bildende Kunst: z. B. Rubens, Der gefesselte Prometheus Musik: z. B. Liszt, Prometheus Literatur: z. B. Herder, Der entfesselte Prometheus; Goethe, Prometheus
Phase 3: (fakultativ) Beschäftigung mit einem Quellentext des Prometheus-Mythos	Textlektüre Aischylos, Der gefesselte P., 445–471 Klassengespräch Fragen: 1. Wie ist nach Aussage des Textes der „Anfangszustand" der Menschen zu beschreiben? 2. Welche „Gaben" schenkt P. den Menschen? 3. Wie ist nach Ihrer Meinung der „Fort-schritt" zu bewerten? Sind bereits Gefahren erkennbar?	Wegen der Wirkung liest der Lehrer den Text selbst vor. Ergebnisse (in Stichworten): Ad 1. – Unbehaustes, wirres und planloses Leben – Geistlosigkeit; kein Verständnis der Welt Ad 2. – Kultur-„Werkzeuge": Zahl und Schrift – Technik: Naturbeherrschung Ad 3. P. bewirkt die Emanzipation des Menschen von der Natur und damit die Menschwerdung des Menschen. Die Kehrseite des „Fortschritts" ist aber die Gefahr einer maßlosen Desintegration der Menschheit.
Phase 4: Erstes Besprechen von zwei neuzeitlichen Beispielen lyrischer Gestaltung des Prometheus-Stoffs	Lehrervortrag Prometheus – Symbolgestalt der Neuzeit Textlektüre J. W. v. Goethe, Prometheus V. Braun, Prometheus Spontane Äußerungen / Erste Eindrücke	Zum Inhalt s. den vorderen Textteil! Die Schüler lesen zunächst beide Gedichte still für sich. Anschließend läßt der Lehrer die Texte laut vorlesen. Mögliche Äußerungen zu Goethes „Prometheus": – Die Sprache des Gedichts ist kraftvoll und gefühlsbetont. – Prometheus' Haltung ist durch äußerstes Selbstbewußtsein gekennzeichnet. – Das Gedicht wirkt wie ein Antihymnus. – P. will sich selbst über seine Entwicklung zum Gotteskritiker Rechenschaft geben. – Für P. sind im Grunde die Götter schon gar nicht mehr existent, mit denen er sich auseinandersetzt.

Unterrichtsverlauf	Methoden / Sozialformen	Kommentare und Resultate
		Mögliche Äußerungen zu Brauns „Prometheus": – Das Gedicht enthält eine Reihe grammatikalischer Härten. – Die Metaphorik wirkt merkwürdig „schief" und unpassend. – Das Hauptmotiv des Prometheus-Mythos, die Auseinandersetzung mit der Gottheit, ist im Gedicht nicht mehr gestaltet. Das lyrische Ich glaubt an sich und die Menschheit; doch scheint ihm sein Glauben nicht zweifelsfrei festzustehen. – Die Zukunft, die der Mensch aus eigener Kraft schaffen will, bleibt merkwürdig unbestimmt.
Phase 5: Analyse und Interpretation der beiden Beispiele	<u>Textanalyse in Einzelarbeit</u> Aufgabe s. Arbeitsblatt <u>Ergebnissicherung</u>	Wenn die 17. und 18. Stunde im Stundenplan zeitlich getrennt sind, kann die Textanalyse als Hausarbeit aufgegeben werden. Die eine Klassenhälfte untersucht Goethes, die andere Klassenhälfte Brauns „Prometheus". Vier Schüler (= zwei pro Klassenhälfte) schreiben ihre Ergebnisse auf Folien (Arbeitsblatt als Kopiervorlage!) Die Folien werden mit dem Overheadprojektor projiziert (zum Verfahren bei der Auswertung s. vorderen Textteil). <u>Mögliche Ergebnisse (= Folienbilder):</u>

<u>Goethe, Prometheus</u>

Strophe 1			Laß mich in Frieden, Zeus! Ich bin nicht dein Spielzeug.
Strophe 2/3/4	S T E I G E R U N G	Kind	Nur Kinder und Greise verehren euch Götter. Auch ich suchte als Kind bei euch Rettung. Du aber ließt mich im Stich, Zeus. Weshalb sollte ich dich ehren?
Strophe 6		Mann	Kronos und Moira sind die wahren Götter! Sie machten mich zum Mann.
Strophe 7/8			Zeus, ich hasse das Leben nicht, das zum Mann mich schmiedete. Im Gegenteil: Hier sitze ich und forme Menschen nach meinem Bild.

<u>Braun, Prometheus</u>

Strophe 1	Auf eine bessere Zukunft zu warten, ist blind! Wir Menschen müssen die Zukunft selbst in die Hand nehmen!
Strophe 2	Freilich: Neues zu schaffen ist schmerzvoll.
Strophe 3/4	Ich sehe: Die alte Welt der Aggressivität macht ihre letzten Versuche. Aber dort, wo die neue Welt des Friedens schon begonnen hat, fällt das Leben auch nicht in den Schoß. Woher also meine – unsere Hoffnung?
Strophe 5/6	Wer könnte bestreiten: Wo wir Menschen nicht sind, bleibt nichts und wird nichts? Daher glaube ich an uns – an unsere Hand, an unser Feuer.
Strophe 7	Und vertraue darauf, daß der Tag kommt, an dem wir uns den Himmel erobern.

Unterrichtsverlauf	Methoden / Sozialformen	Kommentare und Resultate
	Textdeutung im Klassengespräch Fragen zu beiden Gedichten: 1. In welchem Verhältnis steht Prometheus – zu sich selbst – zu Gott – zur Welt? 2. Wer ist „Prometheus"?	Ergebnis (Hefteintrag): Goethe, Prometheus Ad 1. Goethes Gedicht zeigt P. zum Zeitpunkt äußerster „Verselbstung". Von Zeus als dem obersten Repräsentanten göttlicher Ordnung hat er sich losgerissen. Er anerkennt nur noch das <u>Leben</u> – und die Lebensmächte „Zeit" und „Schicksal". Sein Selbstgefühl setzt seine Kraft frei: selbstbewußt <u>schafft er</u> Abbilder seiner selbst – schafft er eine Lebenswelt nach seinem Maßstab. Ad 2. Goethes „P." ist die mythische Übersteigerung des genialen Menschen. Braun, Prometheus Ad 1. In Brauns Gedicht erscheint das begeisterte Bekenntnis zur eigenen Schöpferkraft skeptisch gebrochen. Neues zu schaffen, Welt zu gestalten, bedeutet nicht Leichtigkeit, nicht Hochgefühl, sondern Anstrengung und Schmerz. Doch der Mensch muß diese Anstrengung und diesen Schmerz auf sich nehmen, denn er kann für die Zukunft auf nichts anderes hoffen – als auf sich selbst. Ad 2. Brauns „P." ist vielleicht der sozialistische, jedenfalls aber der moderne Mensch, der die Dialektik der freigesetzten menschlichen Schöpferkraft erfahren hat und gleichwohl weiter an diese glaubt.
Phase 6 (fakultativ): Abschließende Reflexion auf das Prometheus-Thema	Bildbetrachtung in Stille Frans Masereel, Prometheus (Holzschnitt, 1954) Bildbeschreibung Fragen: – Wer beschreibt, was er auf dem Bild sieht? – Wer hat Ergänzungen zur Beschreibung? Unterrichtsgespräch Fragen: 1. Welche Motive des Prometheus-Mythos sind direkt im Bild gestaltet? 2. Wie steht Prometheus, der Riese im Vordergrund, zum chaotischen Geschehen im Hintergrund?	Die Schüler sollen sich zunächst in das Bild einsehen und es auf sich wirken lassen. Ergebnis (Stichworte): Im Vordergrund ein athletischer Mann, vom Licht der Sonne bestrahlt; sein nackter Körper, vom unteren Bildrand in Höhe der Hüften abgeschnitten, füllt die Bildmitte in vertikaler Richtung ganz aus; der rechte Arm des Riesen ist in den Himmel gereckt, die Hand greift in der Sonne nach einem Feuer; seine linke Hand umfaßt einen ebenfalls nackten, vergleichsweise winzigen Menschen; im Hintergrund Chaos und Zusammenbruch: Explosionsblitze, ein wirbelnder Kreis, Hochhäuser und Hochkamine kippen nach links und rechts oder bersten auseinander, dazwischen Menschengesichter, die an Totenköpfe erinnern, Hände, Fäuste, ein Torso mit erhobenem Arm… Ergebnisse: Ad 1. Gestaltete Motive: – Prometheus' Schaffen der Menschen – Prometheus' Diebstahl des Feuers aus dem Himmel Ad 2. Symbolisiert Prometheus hier Maßlosigkeit und Hybris? Ist also der Zusammenbruch im Hintergrund als die Folge prometheisch-vermessener Taten zu verstehen? Oder ist Prometheus der Inbegriff des neuen Menschen, der unter Aufbietung seiner besten Kräfte das zerstörerische Chaos überwindet? Die Aussageabsicht des Bildes dürfte eher in die zweite Richtung gehen.

Arbeitsblatt
J.W. Goethe, Prometheus (1774)
V. Braun, Prometheus (1970)

Aufgabe:
Geben Sie den Gedichtinhalt mit eigenen Worten, aber aus der Perspektive des lyrischen Ich wieder (Kurzfassung, in die rechte Spalte einzutragen!).

Goethes „Prometheus"

FORM des Gedichts (Stilelemente)	Gliederung	INHALT des Gedichts Thematik
Freier Rhythmus	Strophe 1	
Freie Strophik	Strophe 2/3/4	
Inversion; Abweichung von der Sprachnorm	Strophe 5	
Wortschöpfung	Strophe 6	
Expressiv-emotive Sprachform im Wechsel mit episch schildernden Elementen (→ Imperativ, Frage, Aussage)	Strophe 7/8	

Brauns „Prometheus"

FORM des Gedichts (Stilelemente)	Gliederung	INHALT des Gedichts Thematik
Freier Rhythmus	Strophe 1	
Freie Strophik	Strophe 2	
Abweichungen von der Sprachnorm („Verstellen" und Auslassen von Satzgliedern; Relativsätze ohne Bezugswort oder vor dem Bezugswort; Verwenden des Fragezeichens hinter Aussagesätzen, Fehlen von Aussagezeichen)	Strophe 3/4	
	Strophe 5/6	
Wortspiele	Strophe 7	
Metaphorik (z.T. anachronistisch oder pejorativ)		

Materialien und Medien:
– Text: E. Bloch, Atheismus im Christentum, 66 (Mat. A, nur in der Hand des Lehrers)
– Text: L. Feuerbach, Vorlesungen über das Wesen der Religion (Mat. 20/I–VI)
– Text: L. Feuerbach, Das Wesen des Christentums (Mat. 20/VII)
– G. Keller, Ich hab' in kalten Wintertagen (Mat. 21)

Unterrichtsverlauf	Methoden / Sozialformen	Kommentare und Resultate
Phase 1: Typologisches Beziehen der Prometheus-Idee auf Haltung und Intention der (atheistischen) Religionskritik	Vorlesen eines Bloch-Zitats (Mat. A) Unterrichtsgespräch Fragen: 1. Warum preist Vergil den glücklich, der die Ursachen der Welt erkannt hat? 2. „Sich über das unerbittliche Schicksal und über den Lärm der gierigen Unterwelt erheben" – wie müßte das modern ausgedrückt werden? 3. Welche Aspekte außer den von Vergil genannten sind noch für die „große" Religionskritik kennzeichnend, wenn denn in ihr immer Prometheus mit der Fackel ist? 4. Wie müßte im Gegensatz zur „großen" prometheischen Religionskritik die „kleine" à la Thersites charakterisiert werden?	Der Lehrer liest das Bloch-Zitat vor. Nach einer kurzen „Denkpause" informiert er mit wenigen Sätzen über E. Bloch und erklärt außerdem, wer Thersites ist. Dann liest er das Zitat nochmals vor. (Informationen über Bloch und Thersites s. vorderen Textteil) Ergebnisse (in Stichworten): Ad 1. Prinzipienerkenntnis bedeutet: Erkenntnis des Wahren, Guten und Schönen. Dadurch wird ein glückendes Leben möglich. Ad 2. Ohne jede metaphysische Rücksicht in dieser Welt das <u>eine</u> Leben entwerfen und gestalten. Ad 3. Befreiung des Menschen (zu sich selbst, aus imaginären Vorstellungen…); Aufwertung des Menschen (Eigenverantwortlichkeit, Selbstschöpfertum) Ad 4. Denunziatorischer Angriff gegen den Gottesglauben (Fehlen von Ethos und Wissensideal)
Phase 2: Grundinformationen zu Feuerbachs Leben und Werk	Schülerreferat Thema: Ludwig Feuerbach – Skizze seines Lebens und Werks	Tafelanschrieb zum Referat: LUDWIG FEUERBACH 1804 in Landshut geboren 1823/24 Studium der Theologie in Heidelberg 1824–26 Studium der Philosophie in Berlin, vor allem bei Hegel 1827/28 Studium der Botanik, Anatomie und Physiologie in Erlangen

Unterrichtsverlauf	Methoden / Sozialformen	Kommentare und Resultate
		1829–32 Privatdozent für Philosophie in Erlangen. Anonyme Veröffentlichung der „Gedanken über Tod und Unsterblichkeit"
		1836 Rückzug von der Universität; von jetzt an freier Schriftsteller
		1837 Heirat mit Berta Löw, Mitbesitzerin einer Porzellanfabrik
		1841 „Das Wesen des Christentums"
		1848 Beteiligung an den revolutionären Bewegungen in Leipzig, Frankfurt und Heidelberg
		1848/49 Privatvorlesungen in Heidelberg auf Einladung einer Studentengruppe („Über das Wesen der Religion")
		1860 Bankrott der Porzellanfabrik. Rückzug in finanziell schwierigen Verhältnissen nach Rechenberg bei Nürnberg
		1872 in Rechenberg gestorben
	Kurzer Lehrervortrag „Feuerbach und Hegel"	Zum Inhalt s. vorderen Textteil
Phase 3: Erarbeitung der Hauptgedanken von Feuerbachs Religionskritik	Einzelarbeit / Hausarbeit Arbeitsauftrag: Lesen Sie die Textauszüge aus Feuerbachs Werk (Mat. 20/I–VII) und bearbeiten Sie folgende Aufgaben: 1. Formulieren Sie die Kernthese Feuerbachs in einem Satz (vgl. Mat. 20/I; VII). 2. Skizzieren Sie die psychologische Theorie, mit der Feuerbach die Entstehung von Religion zu erklären versucht. Verwenden Sie hierbei die Begriffe „Abhängigkeitsgefühl", „Egoismus", „Einbildungskraft", „Ideal" (vgl. Mat. 20/III–V). 3. Wie verhalten sich in der Religion Mensch und Gott zueinander? Fassen Sie Feuerbachs Auffassung in drei/vier Sätzen zusammen (vgl. Mat. 20/V–VII). 4. Beschreiben Sie knapp: Wie bestimmt Feuerbach Aufgabe und Zweck seiner Religionskritik (vgl. Mat. 20/II; VII)?	Wenn die 19. und 20. Stunde im Stundenplan zeitlich getrennt sind, kann die EA als HA aufgegeben werden.

Unterrichtsverlauf	Methoden / Sozialformen	Kommentare und Resultate

Phase 4:
Auswertung der Textarbeit
	<u>Sammeln der Ergebnisse</u>	<u>Ergebnisse der EA bzw. HA (Tafelanschrieb in Stichworten):</u>
		Ad 1. – Gott: der von den Schranken der Endlichkeit befreite Mensch
		    – Religion: das Verhältnis des Menschen zum eigenen, aber vergötterten Wesen
		
		Ad 2. Widerstreit/Widerspruch im Menschen zwischen
		    – seinem Abhängigkeits-/Endlichkeitsgefühl einerseits und
		    – seiner Liebe zu sich selbst oder seiner Idee von einem erfüllten, unbeschränkten Leben andererseits.
		    Lösung des Widerspruchs durch Produktion der Einbildungskraft. Sie
		    – verkörpert die Idee vom unbeschränkten menschlichen Leben im göttlichen Ideal und
		    – schafft damit ein Prinzip, das dem an seiner Endlichkeit leidenden, in seinem „Egoismus" verletzten Menschen Trost und Hoffnung gibt.
		
		Ad 3. <u>Allgemeine Bestimmung:</u>
		    Gott: das vom Menschen abgezogene Wesen, das wegen seiner Idealität als ein ganz anderes Wesen erscheint.
		
		    <u>Nähere Bestimmung des Verhältnisses:</u>
		    – Nichtigkeit des Menschen vor Gott, weil der Mensch alle positiven Eigenschaften von sich weggenommen und in Gott hineingelegt hat.
		    – Gott als Nichts des Menschen, weil Gott nichts von dem ist, was der gläubige Mensch als eigene Wirklichkeit erfährt (→ nicht endlich, nicht zeitlich…).
		
		Ad 4. – Bejahung des wirklichen Wesens des Menschen
		    – Freiheit und Selbstbewußtsein des Menschen
		    – Ausrichtung der menschlichen Kräfte auf die Gestaltung des Diesseits

	<u>Lehrervortrag / Klassengespräch</u>	Entwickeln eines Schaubildes zu Feuerbachs psychologischer Erklärung der Religion (Lösungsvorschlag s. S. 40) Die Schüler übernehmen das Tafelbild ins Heft.
Phase 5: Verdeutlichung der Wirkung von Feuerbachs Atheismus am Beispiel eines Gedichts	<u>Lehrerinformation</u> über Gottfried Kellers Beziehung zu Feuerbach <u>Textlektüre (laut)</u> G. Keller, Ich hab' in kalten Wintertagen	Zum Inhalt s. vorderen Textteil

Unterrichtsverlauf	Methoden / Sozialformen	Kommentare und Resultate

	Klassengespräch
	1. Fragen:
	   a) Welche geistig-seelischen Zustände des lyrischen Ich werden im Gedicht angesprochen?
	   b) Welche Naturzustände entsprechen ihnen?
	2. Wie wertet das lyrische Ich die Idee vom Jenseits, was bedeutet ihm demgegenüber das Diesseits, die Natur?
		Ergebnisse in Stichworten:
		Ad 1. Hoffnungsarmut; Gestimmtheit: „dunkel" — Kalte, dunkle Wintertage
		
		Neu erwachtes Lebensgefühl; Gestimmtheit: „blühend", „bunt" — Sommer, glühend und glänzend
		
		Gefühl, Empfindung des Einklangs mit der Natur — Klarer Strom; blauer Himmel
		
		Verstehen des allbestimmenden Zyklus von Werden, Fülle, Vergehen — Blühende Lilie
		
		Ad 2. – Jenseits, Gott, Unsterblichkeit: Trugbild, Wahn
		   – Diesseits, Natur: das wahre Vaterland; Ort andächtiger Sinnlichkeit und sinnlicher Andacht; Leben in Fülle; Erfahrung von Lebensfreude und Glück, aber auch des Schmerzes der Vergänglichkeit

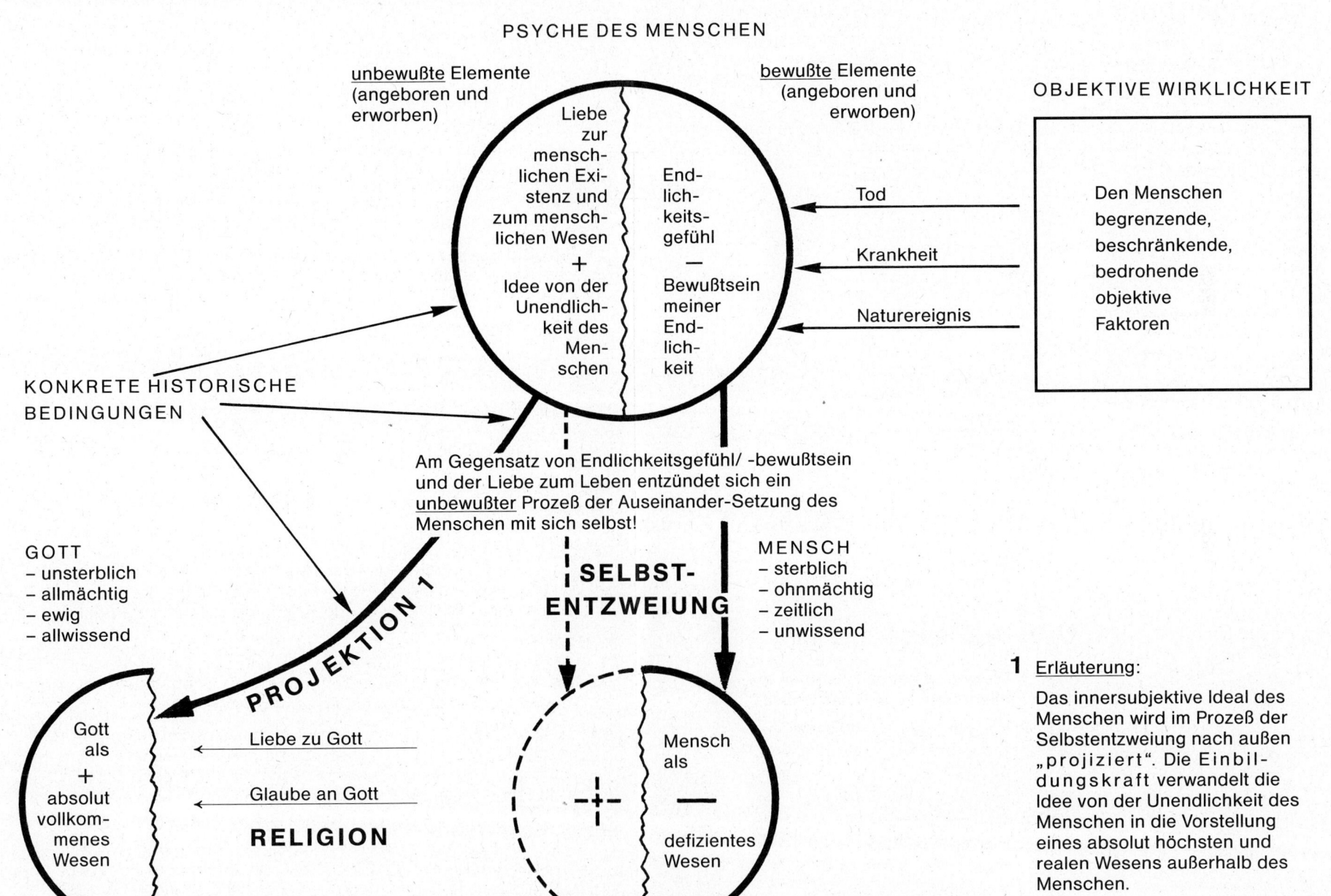

PSYCHE DES MENSCHEN

unbewußte Elemente
(angeboren und
erworben)

bewußte Elemente
(angeboren und
erworben)

OBJEKTIVE WIRKLICHKEIT

Liebe
zur
mensch-
lichen Exi-
stenz und
zum mensch-
lichen Wesen

+

Idee von der
Unendlich-
keit des
Men-
schen

End-
lich-
keits-
gefühl

–

Bewußtsein
meiner
End-
lich-
keit

Tod

Krankheit

Naturereignis

Den Menschen
begrenzende,
beschränkende,
bedrohende
objektive
Faktoren

KONKRETE HISTORISCHE
BEDINGUNGEN

Am Gegensatz von Endlichkeitsgefühl/ -bewußtsein
und der Liebe zum Leben entzündet sich ein
<u>unbewußter</u> Prozeß der Auseinander-Setzung des
Menschen mit sich selbst!

GOTT
– unsterblich
– allmächtig
– ewig
– allwissend

**SELBST-
ENTZWEIUNG**

MENSCH
– sterblich
– ohnmächtig
– zeitlich
– unwissend

PROJEKTION 1

Gott
als

+

absolut
vollkom-
menes
Wesen

Liebe zu Gott

Glaube an Gott

RELIGION

Mensch
als

+   –

defizientes
Wesen

1 Erläuterung:

Das innersubjektive Ideal des
Menschen wird im Prozeß der
Selbstentzweiung nach außen
„projiziert". Die E i n b i l -
d u n g s k r a f t verwandelt die
Idee von der Unendlichkeit des
Menschen in die Vorstellung
eines absolut höchsten und
realen Wesens außerhalb des
Menschen.

Materialien und Medien:
- Hektogramm: Zusammenfassung des Referats „Karl Marx – Skizze seines Lebens und seiner Lehre" (Klassensatz)
- Graphik: Marx als Prometheus (Mat. 22)
- Text: K. Marx, Thesen über Feuerbach, These 4 (Mat. 23/I)
- Text: K. Marx, Einleitung zur Kritik der Hegelschen Rechtsphilosophie (Auszug, Mat. 23/II)
- Arbeitsblatt (Klassensatz)
- Text: U. Neuenschwander, Friedrich Nietzsche (Mat. 24)

Unterrichtsverlauf	Methoden / Sozialformen	Kommentare und Resultate
Phase 1: Einführung in Leben und Lehre von K. Marx mit einer Erläuterung wichtiger Begriffe seiner ökonomisch-philosophischen Theorie	Schülerreferat Thema: Karl Marx – Skizze seines Lebens und seiner Lehre	Der Referent hat den Inhalt seines Referats schriftlich zusammengefaßt und für die Klasse vervielfältigt. Das Hektogramm (Vorschlag zur Gestaltung s. am Ende dieses Stundenblatts) wird vor Beginn des Referats ausgeteilt.
Phase 2: Verbindung von Marx und Prometheus-Gestalt	Bildbetrachtung „Marx als Prometheus" (Anonyme Lithographie 1843) I. Bildbeschreibung Aufgabe: Beschreiben Sie, was Sie auf dem Bild sehen. II. Lehrer-Schüler-Gespräch Fragen: 1. Welche Situation ist in dem offenkundig allegorischen Bild dargestellt? 2. Wie sind einzelne Bildelemente wie Eichhörnchen, Adler, Wassernixen zu deuten? 3. Warum stellt der Künstler Marx als Prometheus dar? III. Lehrerinformation zu „Marx als Prometheus"	Die Bildbetrachtung ist in drei Schritten durchzuführen. Ergebnis: In der Bildmitte: Marx in athletischer Gestalt, mit einer Kette an eine Druckerpresse gefesselt; ein Adler mit Krone hackt auf ihn ein. Im Bildvordergrund zu den Füßen von Marx: Nixen, die zu klagen und zu trauern scheinen. Vom Hintergrund links unten zum Vordergrund rechts unten zieht sich ein Fluß; an seinem Ufer Fabrikanlagen. Links oben: ein Eichhörnchen sitzt auf einem Thronsessel; das Eichhörnchen lenkt mit einer Schnur den Adler. Ergebnisse: Ad 1. Verbot der „Rheinischen Zeitung", deren Chefredakteur K. Marx war, durch die Preußische Regierung (im Jahre 1843). Ad 2. Eichhörnchen – Preuß. Kultusminister Eichhorn Adler – Preuß. Regierungsgewalt, spezifisch: Preuß. Pressezensur Klagende Wassernixen – Rheinstädte Köln, Düsseldorf, Eberfeld und Trier Ad 3. Wie Prometheus erscheint Marx als Rebell gegen die Herrschenden, der die Menschen aus Unterdrückung, Knechtung und Abhängigkeit herausführen und ihnen das „Feuer" der Freiheit und des Fortschritts bringen will. Zum Inhalt der Lehrerinformation s. vorderen Textteil

Unterrichtsverlauf	Methoden / Sozialformen	Kommentare und Resultate
Phase 3: Erarbeitung der Marxschen Religionskritik	<u>Textlektüre in Stille</u> Texte: – Karl Marx, Thesen über Feuerbach, These 4 – ders., Einleitung zur Kritik der Hegelschen Rechtsphilosophie (Auszug) Arbeitsauftrag zur Lektüre: Markieren Sie die Stellen (einzelne Begriffe, aber auch ganze Sätze oder Satzfolgen), die Sie nicht verstehen, mit einem Fragezeichen. <u>Klassengespräch</u> zu den nicht-verstandenen Stellen <u>Textanalyse in Partnerarbeit</u> Aufgaben s. Arbeitsblatt	 Zuerst werden die unbekannten Begriffe gesammelt und nach Möglichkeit durch informierte Schüler erklärt. Sodann werden unverstandene Sätze oder Satzfolgen durch ein gelenktes Gespräch aufgeschlossen, aber nur in vorläufiger Weise, in einer ersten Annäherung. Wird das Arbeitsblatt kopiert, ist die rechte Spalte (Lösungen) abzudecken.
Phase 4: Sichern und Diskutieren der Arbeitsergebnisse	<u>Auswertung der Textarbeit</u> I. Sammeln der Ergebnisse II. Korrekturen im Klassengespräch <u>Ergebnissicherung durch Hefteintrag</u> (Hausaufgabe) <u>Abschließendes Unterrichtsgespräch</u> Leitfrage: Welches Verständnis von Religion ist in Marx' Kritik vorausgesetzt?	Zum Auswertungsverfahren s. den vorderen Textteil Die Schüler tragen den verbesserten Text ihres Konzepts zu Hause ins Heft ein. Überschrift: „Marx' Religionskritik" (Lösungen s. Arbeitsblatt) <u>Ergebnis (in Stichworten):</u> Religion (aus der Sicht von Marx) – betrachtet die Welt als „Jammertal" – sucht die bessere Zukunft im Jenseits – will vorrangig das Innere der Menschen und nicht die äußeren Zustände ändern. Gleichwohl schreibt Marx der Religion auch ein kritisches, auf Gesellschaftsveränderung abzielendes Potential zu.

Hausaufgabe:
Lesen Sie zur Vorbereitung der nächsten Stunde:
U. Neuenschwander, Friedrich Nietzsche (Mat. 24).
Unterstreichen Sie die Aussagen, die Ihnen besonders wichtig scheinen.

Referatvergabe:
Die literarische Form des Hiobbuches.

Arbeitsblatt
Marx' Religionskritik
(Analyse seiner „Einleitung zur Kritik der Hegelschen Rechtsphilosophie")

Aufgaben für die Textarbeit	Lösungen
1. Wie beurteilt Marx Feuerbachs Religionskritik? In welchem entscheidenden Punkt geht Marx über Feuerbach hinaus?	**Ad 1.** Kritik der Religion von Feuerbach „im wesentlichen" durchgeführt; er hat gezeigt, daß „der Mensch die Religion macht". Aber: Feuerbach hat die Selbstentfremdung des Menschen im religiösen Bewußtseinsprozeß nicht konkret auf die sich selbst entfremdete gesellschaftliche Wirklichkeit zurückgeführt.
2. Wie verhält sich nach Marx die Religion zum gesellschaftlichen Sein? Welche Zustände bedingen sie, und was bewirkt die Religion für die Menschen, die in diesen Zuständen leben?	**Ad 2.** Die Religion – ist der ideologische „Widerschein" einer in sich verkehrten gesellschaftlichen Welt; – ist bedingt durch Zustände primär wirtschaftlicher Art, die den Menschen im Arbeitsprozeß sich selbst entfremden und daran hindern, sich als „wahrer" Mensch zu verwirklichen; – stabilisiert die verkehrten, schlechten gesellschaftlichen Verhältnisse, weil sie dem sich entfremdeten Menschen seine wahre Verwirklichung im Jenseits in Aussicht stellt.
3. Versuchen Sie präzise anzugeben, was Marx mit den metaphorischen Aussagen meint: Religion biete den Menschen „imaginäre Blumen" und sei eine „illusorische Sonne".	**Ad 3.** Unter „imaginären Blumen" der Religion sind zu verstehen a) Diesseits-Vorstellungen wie: – Gott hält seine schützende Hand über uns; er hat jedes Haar auf unserem Haupt gezählt. – Gottes Reich ist nahe. – Gott liebt uns Menschen. b) Diesseits-Inszenierungen, d. h. kultische Feiern wie Gottesdienst oder Prozessionen c) Jenseits-Vorstellungen wie: – Es gibt ein Weiterleben nach dem Tod. – Wir werden Gott von Angesicht zu Angesicht schauen. – Beim „Jüngsten Gericht" erhalten wir unseren Lohn. „Religion ist eine illusorische Sonne" bedeutet: Das (ganze) Denken und Streben des Menschen ist hinorientiert auf jenes vermeintliche Sein (Gott, Existenz bei Gott etc.), das in der Religion als wirklich geglaubt wird.
4. Warum muß nach Marx die Kritik der Religion in eine Kritik der Politik und der gesellschaftlichen Zustände überhaupt übergehen?	**Ad 4.** Religionskritik will die geistige Selbstentfremdung des Menschen aufheben. Die Aufhebung des falschen religiösen Bewußtseins ist aber letztlich nicht durch Aufklärung möglich, sondern nur durch eine (revolutionäre) Beseitigung der materiellen Ursachen, d. h. der gesellschaftlichen Mißstände. Religionskritik, die ihr Ziel des wahren Bewußtseins erreichen will, muß sich daher zwangsläufig in eine Kritik der sozio-ökonomischen Verhältnisse verwandeln.

Karl Marx – Skizze seines Lebens und seiner Lehre (Zusammenfassung des Referats)

1818	in Trier geboren
1835–41	Studium der Rechtswissenschaft, Philosophie und Geschichte in Bonn und Berlin
1842/43	Leitender Redakteur der „liberalen" RHEINISCHEN ZEITUNG in Köln
1843	Verbot der RHEINISCHEN ZEITUNG, weil die Zensur der Regierung „nicht mit ihr fertig wurde" (Engels) Heirat der Jenny von Westphalen Emigration nach Paris; mit Arnold Ruge Herausgeber der „Deutsch-Französischen Jahrbücher"
1843–45	Pariser Zeit: – Bekanntschaft mit Heinrich Heine und Freundschaft mit Friedrich Engels – Hinwendung zum Kommunismus – Entstehen der „Ökonomisch-philosophischen Manuskripte"
1845	Ausweisung aus Paris (auf Verlangen der preußischen Regierung), Übersiedlung nach Brüssel
1845–47	Brüsseler Zeit: – Begründer des „Deutschen Arbeiter-Bildungsvereins" und der „Association democratique" (zusammen mit Engels) – Abfassung des „Kommunistischen Manifests" (zusammen mit Engels)
1848	Teilnahme an der deutschen Revolution in Köln; Herausgeber der „Neuen Rheinischen Zeitung"
1849	Ausweisung aus Deutschland, kurzer Aufenthalt in Paris, dann Emigration nach London
1864	Maßgebliche Beteiligung an der Gründung der „Ersten Internationale" in London
1867	Veröffentlichung des ersten Bandes von „Das Kapital"
1883	in London gestorben

Grundbegriffe von Marx' ökonomisch-philosophischer Theorie

<u>Dialektischer Materialismus</u>: der philosophische Kern der Marxschen Theorie; Verbindung des klassischen Materialismus mit der Dialektik Hegels.
Aussagen:
– Die Materie ist die einzige Wirklichkeit. Das Geistige ist eine bloße Funktion des Materiellen, keine Realität an sich.
– Wesenseigenschaft der materiellen Wirklichkeit: die Selbstbewegung in Raum und Zeit. Diese Selbstbewegung der Materie vollzieht sich nach dialektischer Gesetzmäßigkeit, also im Prozeß von der These über die Negation der These (Antithese) zur Negation der Negation (Synthese).

<u>Historischer Materialismus</u>: resultiert aus der Anwendung des DiaMat auf die menschliche Geschichte.
Aussagen:
– Auch im gesellschaftlichen Leben ist das Materielle, die „ökonomische Basis" die einzige Wirklichkeit. Das gesellschaftliche Bewußtsein, das sich in Politik, Recht, Philosophie, Kunst, Religion ausdrückt, ist nur ein Reflex der „Basis", ein „<u>Überbau</u>".
– Wie das Sein überhaupt, so ist auch das materiell-ökonomische Sein der Gesellschaft dialektisch bewegt. Die ständig verbesserten Produktivkräfte (Produktionsmittel = Rohstoffe, Technik und Arbeitsfertigkeit) geraten immer wieder mit den Produktionsverhältnissen (Form des Eigentums) in Widerspruch; der Widerspruch führt zu Klassenkämpfen und schließlich zur Revolution.

<u>Entfremdung des Menschen</u>: Namentlich durch die kapitalistische Produktionsweise wird der Mensch zunehmend sich selbst entfremdet. Bei der Arbeit ist der Mensch nicht mehr sich selbst Zweck (→ schöpferische Freiheit, Selbstentfaltung, Selbstanschauung im Produkt), sondern Arbeit ist für ihn nur noch „ein Mittel, um Bedürfnisse außer ihr zu befriedigen" (Ökonomisch-philosophische Manuskripte).

Materialien und Medien:
- Text: Ulrich Neuenschwander, Friedrich Nietzsche (Mat. 24)
- Bild: Edvard Munch, Geschrei (Lithographie [Mat. 25])
- Text: Friedrich Nietzsche, Der tolle Mensch (Mat. 26)

Unterrichtsverlauf	Methoden / Sozialformen	Kommentare und Resultate

Phase 1:
 	
Bildliche Vergegenwärtigung des Nihilismus-Themas
	<u>Bildbetrachtung</u>
	E. Munch, Geschrei
	
	I. Kurze Lehrerinformation über den Maler
	
	II. Äußern erster Bildeindrücke
	
	III. Bildbeschreibung im Klassengespräch
	
	IV. Bilddeutung im Unterrichtsgespräch
	Fragen:
	1. In welcher Situation befindet sich die Gestalt im Vordergrund?
	
	2. Ist ein Zusammenhang zwischen ihrer Situation und der Umgebung erkennbar?
	
	3. Wer oder was schreit?
	
	4. Wie ist die Bildaussage zu deuten?
		Den Bildtitel nennt der Lehrer noch nicht.
		
		<u>Mögliche Eindrücke:</u>
		– Die Situation im Bild ist bedrohlich.
		– Das Bild hat keine Farben, nur schwarz-weiß, und im Ganzen liegt eine eigentümliche Spannung.
		– Mir springt die Gestalt im Vordergrund sofort ins Auge. Ihr Gesicht wirkt wie eine Maske.
		– Man erkennt nicht, ob sie männlich oder weiblich ist.
		– Sie scheint jedenfalls panische Angst zu haben. Vielleicht hat ihre Angst mit den beiden Männern im Hintergrund zu tun.
		– Das glaube ich nicht. Sie sind so weit weg von der Gestalt im Vordergrund. Und sie wirken wie ‚normale' Spaziergänger.
		
		Gewünschtes Ergebnis s. vorderen Textteil
		
		<u>Ergebnisse (in Stichworten):</u>
		Ad 1. – Mimik und Gestik der Gestalt signalisieren höchste Not und Bedrängnis.
		   – Aber: die Gestalt schreit nicht (an die Ohren gepreßte Hände: Abwehr eines unerträglichen akustischen Eindrucks; der geöffnete Mund: Ausdruck des Entsetzens).
		
		Ad 2. – Die Bedrohung der Gestalt im Vordergrund nicht mit den Männern im Hintergrund zu verbinden (Männer blicken mit Rücken zu der Gestalt auf das Wasser, sie sind sehr weit weg…).
		   – Die Bedrohung der Gestalt irgendwie aus der großen Bewegung herkommend, der fast alle Gegenstände im Bild unterworfen sind.
		
		Ad 3. – Bildtitel: „Schrei" oder „Geschrei". Fraglich aber: Subjekt des Schreis?
		   – Wichtige Beobachtung: die schwingenden Wellenlinien der Landschaft und des Himmels erinnern an Schallwellen.
		   – Schrei also von der Natur ausgehend; er muß „ungeheuer" sein, da er solches Entsetzen hervorruft.
		
		Ad 4. Naheliegende Deutung (vor allem vor dem Hintergrund von Munchs Biografie): der Gestalt widerfährt im Schrei der Natur die entsetzliche Erfahrung des „Nichts".

Unterrichtsverlauf	Methoden / Sozialformen	Kommentare und Resultate

Phase 2:
Hinführung zu Nietzsche
	<u>Lehrervortrag</u>
	F. Nietzsche: Der Prophet des Nihilismus
		Der Lehrer leitet zu Nietzsche über (s. vorderen Textteil)
		<u>TA und Hefteintrag:</u>
		1844 als Sohn eines Pfarrers in Röcken geboren
		1864–67 Studium der klass. Philologie in Bonn und Leipzig
		1869 Professur für klass. Philologie an der Universität Basel
		1870 Krankenpfleger im Deutsch-Französischen Krieg
		1879 Verzicht auf die Professur wegen gesundheitlicher Labilität
		       Von nun an freier Schriftsteller mit wechselndem Aufenthaltsort in Frankreich (franz. Riviera), in Italien, in der Schweiz (Engadin)
		1889 Zusammenbruch in Turin, Ausbruch der Geisteskrankheit
		       Pflege zuerst durch die Mutter, nach deren Tod dann durch die Schwester
		1900 Tod Nietzsches in Weimar

Phase 3:
Erarbeiten von Nietzsches Botschaft „Gott ist tot"
	<u>Textlektüre</u>
	F. Nietzsche, Der tolle Mensch
	
	<u>Spontanes Sich-Äußern /</u>
	<u>Kurzes Gespräch zu den Äußerungen</u>
	
	<u>Textanalyse / Einzelarbeit</u>
	Aufgaben:
	1. a) In welchen Bildern beschreibt der „tolle Mensch" die Folgen des „Todes Gottes"?
	Formulieren Sie die Frage- als Aussagesätze.
	
	1. b) Versuchen Sie, die Bedeutung dieser Bilder mit eigenen Worten anzugeben.
	
	2. Wie wertet der „tolle Mensch" den „Tod Gottes" historisch – in seiner Bedeutung für die Menschheitsgeschichte?
	
	<u>Ergebnissicherung</u>
		Der Text wird laut gelesen
		
		<u>Mögliche Äußerungen der Schüler:</u>
		– Der Text spricht mich an.
		– Ich finde die Sprache des Textes sehr eindrucksvoll.
		– Warum ist es gerade ein „toller Mensch", der den Tod Gottes verkündet?
		– Was soll es bedeuten, daß der „tolle Mensch" bei Tag mit einer Laterne auf den Markt läuft?
		– Eigentlich ist es seltsam, daß die anderen den „tollen Menschen" nicht verstehen. Er sagt doch, daß alle zusammen Gott getötet haben.
		– Ich sehe einen gewissen Widerspruch in der Rede des „tollen Menschen". Ich kann aber noch nicht genau sagen, welchen.
		
		<u>Ergebnisse (Tafelanschrieb):</u>
		Ad 1. a) Infolge des Todes Gottes
		     – ist die Erde von ihrer Sonne losgekettet,
		     – gibt es kein Oben und Unten mehr,
		     – stürzen die Menschen fortwährend nach allen Seiten,
		     – irren durch unendliches Nichts und
		     – werden vom leeren Raum angehaucht,
		     – kommt Nacht und immer mehr Nacht.
		Ad 1. b) Verlust
		     – des theoretischen und praktischen Orientierungspunktes im Leben
		     – des Lebensziels
		     – des Gefühls, im unendlichen All von einer absoluten Person behütet zu sein.
		Ad 2. Größtes Ereignis in der bisherigen Geschichte der Menschheit; mit ihm fängt eine „Höhere Geschichte" an, „als alle Geschichte bisher war".

Unterrichtsverlauf	Methoden / Sozialformen	Kommentare und Resultate
Phase 4: Vertiefende Reflexion auf Nietzsches „Gott-ist-tot"-Philosophie	<u>Unterrichtsgespräch</u> Leitfrage: Läßt sich der augenscheinliche Widerspruch auflösen, daß der „tolle Mensch" den „Tod Gottes" einerseits als Katastrophe für die Menschen, andererseits aber als größtes Ereignis der (bisherigen) Geschichte beurteilt?

<u>Impuls / Spontane Äußerungen</u>
Ist der Übermensch Prometheus? | Für das Gespräch ist vorausgesetzt, daß die Schüler den Text von U. Neuenschwander zu Hause gelesen haben.

<u>Ergebnis:</u>
Der Zusammenbruch der abendländisch-christlichen Weltanschauung, ausgedrückt im Wort vom „Tod Gottes", ist subjektiv eine Katastrophe – nämlich für die <u>schwachen</u> Menschen, weil diese der <u>verkehrten</u> Ideen und Werte des Christentums bedürfen.
Für die „<u>starken</u> Geister" dagegen ist der Zusammenbruch ein ungeheuer positives Ereignis, das Anlaß zur „Heiterkeit" gibt. Denn jetzt ist der Weg frei zu einem neuen Menschentum („Tot sind alle Götter, nun wollen wir, daß der Übermensch lebe").

Die Frage soll weder mit klarem JA oder NEIN beantwortet noch ausdiskutiert werden. Wichtig ist, daß die Schüler die Möglichkeit einer Verbindung zwischen beiden Gestalten erkennen. |

24. Stunde:
Jean-Paul Sartre: Freiheit oder Gottesglaube

Materialien und Medien:
Text: J.-P. Sartre, Der Mensch muß sich selbst erschaffen (Mat. 27)

Unterrichtsverlauf	Methoden / Sozialformen	Kommentare und Resultate
Phase 1: Einführung in Sartres Leben	Lehrervortrag über Sartres Person und Werk	zum Inhalt s. vorderen Textteil
Phase 2: Erste Annäherung an Sartres philosophische Position	Unterrichtsgespräch Impuls / Fragen: In Sartres Drama „Der Teufel und der liebe Gott" sagt der Held des Stücks Götz: „Wenn Gott existiert, ist der Mensch ein Nichts; wenn der Mensch existiert…" 1. Warum spricht Götz seinen Gedanken nicht ganz aus? 2. Wie beurteilen Sie spontan die Aussage des Satzes: Gott und Mensch schließen sich gegenseitig aus? Evtl. Lehrerinformation über das Drama „Der Teufel und der liebe Gott"	Ergebnisse: Ad 1. – Die Ergänzung ist so selbstverständlich, daß sie nicht ausgesprochen werden muß. – Götz wagt nicht, seinen Gedanken in voller Konsequenz auszusprechen. Ad 2. In den Antworten wird Zustimmung und Ablehnung, aber auch Unverständnis zum Ausdruck kommen. s. vorderen Textteil
Phase 3: Erarbeitung der Grundgedanken von Sartres Existentialismus	Textlektüre J.-P. Sartre, Der Mensch muß sich selbst erschaffen Lehrervortrag	Begriffsklärung / Hefteintrag: Essenz: Wesen, Natur, So-Sein; Bestimmtheit von etwas Vorhandenem (Ding, Lebewesen) Existenz: das Da- oder Vorhanden-Sein von etwas (Ding, Lebewesen) Traditionelle (christliche) Auffassung des Verhältnisses „Essenz – Existenz": Im Schöpfungsakt hat Gott schon immer bestimmt, was für ein Wesen der Mensch ist (Gottes Ebenbild, zur Freiheit berufen, geschlechtlich…). Der Sinn des Lebens (= der menschlichen Existenz) ist es, die von Gott in den Menschen gesetzten Bestimmungen zu verwirklichen.

Unterrichtsverlauf	Methoden / Sozialformen	Kommentare und Resultate
	Textanalyse / Partnerarbeit Aufgabe: Versuchen Sie, die Sartres Text zugrunde-liegende Denkbewegung in den ent-scheidenden Aussagen und Schritten dar-zustellen.	Ergebnis (TA und Hefteintrag): „Ich" entscheide mich dafür, daß Gott nicht existiert. Dann gilt „für mich" und den Menschen überhaupt: Der Mensch ist da, ohne schon ein Wesen zu sein, oder: Die Existenz des Menschen geht seiner Essenz voraus. Aus diesem Satz folgt aber: Der Mensch muß sich selbst zu etwas machen, er muß sich selbst bestimmen, selbst erschaffen. Zu überlegen ist nun: Wenn der Mensch sich selbst erschafft, kann er zwar so oder anders handeln; aber sein Handeln ist nicht beliebig. Denn: Der sich entwerfende Mensch ist nicht allein für seine Individualität verantwort-lich, sondern auch für den Mitmenschen oder die Menschheit. Sich selbst erschaffen, wie man sein will, heißt, ein Bild des Menschen schaffen, heißt, einen Wert schaffen oder das Gute wählen.
Phase 4: Kritische Betrachtung der exi-stentialistischen Konzeption Sartres	Unterrichtsgespräch Leitfrage: Ist Sartres Argumentation überzeugend?	Ergebnis (in Stichworten): Problem: Warum kann der Mensch nicht ebenso das Böse wie das Gute wählen? Sartre verstößt gegen die eigene Logik – die These von der Voraussetzungs-losigkeit der Existenz –, wenn er sagt: Wir wählen immer das Gute. (vgl. vorderen Textteil)

25./26. Stunde:
Hiob – abrahamisch Glaubender oder prometheischer Rebell?

Materialien und Medien:
– Text: Fritz Zorn, Hiobs Laster (Mat. 28)
– Bild: Hiob (byzantinische Miniatur aus dem 9. Jh., Mat. 29)
– Text: Hiob – der hebräische Prometheus. Zu Ernst Blochs Hiobdeutung (Mat. 30)
– Text: Claus Westermann, Das doppelte Gesicht Ijobs (Mat. 31)

Unterrichtsverlauf	Methoden / Sozialformen	Kommentare und Resultate
Phase 1: Einstieg und Motivation	<u>Zitat als Impuls</u> Es gibt Augenblicke, da „müßte man Gott… geradezu erfinden…, bloß um ihm eins in die Fresse zu hauen" (Fritz Zorn, Mars, 174). <u>Klassengespräch</u> Frage: Welche Augenblicke/Situationen können gemeint sein?	<u>Ergebnis:</u> – Tod eines nahen Menschen – Eigene schwere (unheilbare) Krankheit – Ende einer Liebesbeziehung – Scheiterndes Leben (vgl. Götz, 24. Stunde) – Naturkatastrophe

Phase 2:
 	
Weiterführung des Anfangs-
Impulses
	<u>Schülerreferat</u>
	zur Lebensgeschichte Fritz Zorns
	(Mars, Erster Teil)
	
	<u>Klassengespräch</u>
	Frage/Impuls:
	Muß ein Mensch in der Situation F. Zorns
	nicht in seinem Gottesglauben irre werden?
	Zorn selbst glaubt nicht, daß es Gott gibt,
	aber wenn es Gott gäbe, würde er „ihm
	eins in die Fresse hauen".
		Stichworte zum Referat s. vorderen Textteil
		
		<u>Ergebnisse:</u>
		– Ich finde, ein todkranker Mensch, der gerade 30 Jahre alt ist, der muß an Gott
		  zweifeln.
		– Kann man überhaupt Gott eine Schuld geben, wenn man an Krebs erkrankt?
		– Manche Menschen glauben vielleicht, wenn sie krank werden, sei dies eine
		  Prüfung Gottes.
		– Es gibt gewiß Menschen, die in ihrem Leiden um so mehr auf Gott hoffen und
		  durch ihren Glauben Trost finden.

Phase 3:
 	
Erarbeitung von F. Zorns
Hiob-Kritik
	<u>Lehrervortrag</u>
	– Überleitung zum Hiob-Thema, ggf.
	  verbunden mit einer
	– Kurzinformation über Hiobs Schicksal
		<u>Inhalt der Überleitung:</u>
		– F. Zorn lehnt es erbittert ab, schweres Leid geduldig zu ertragen und Gott
		  nicht zur Rechenschaft zu ziehen.
		– Als Prototyp des Dulders erscheint ihm der alttestamentliche Hiob.
		– Er kritisiert ihn auf die schärfste Weise.
		
		Es hängt von den Kenntnissen der Schüler ab, ob der Lehrer seine Überleitung
		mit einer Kurzinformation über Hiobs Schicksal verbinden muß.

Unterrichtsverlauf	Methoden / Sozialformen	Kommentare und Resultate
		Stichworte zur Kurzinformation: Erste Wette zwischen Gott und Satan, Hiobs Besitz betreffend → Schicksalsschläge: – Räuber erschlagen Hiobs Knechte und rauben seine Rinder und Esel. – Feuer fällt vom Himmel und tötet Hiobs Schafe und Ziegen, außerdem die Hirten. – Räuber erschlagen Hiobs Knechte und stehlen seine Kamele. – Das Haus, in dem Hiobs Kinder ein Fest feiern, stürzt zusammen; alle werden getötet. Zweite Wette Gottes mit dem Satan, Hiobs Körper betreffend → Hiob wird aussätzig (Lepra oder Elephantiasis).
	Textlektüre F. Zorn, Hiobs Laster Textanalyse / Klassengespräch Fragen: – Wie wird Hiobs Haltung gekennzeichnet? – Welche Haltung hat Hiobs Weib? – Wie beurteilt Zorn die beiden Haltungen? – Was bedeutet es, daß Gott das Krokodil geschaffen hat? Wofür ist es ein Symbol? Ergebnissicherung durch Tafelanschrieb und Hefteintrag Besprechen der Ergebnisse / Klassengespräch Frage: Können Sie Zorns Beurteilung zustimmen: Hiobs Reaktion ist die Haltung eines Schwächlings, die Reaktion seiner Frau dagegen die Haltung eines starken Charakters?	s. Tafelbild, linke Spalte (S. 54) Die Frage soll nur andiskutiert werden; die sachliche Klärung des Problems ergibt sich durch den weiteren Verlauf der Stunde.
Phase 4: Bildbetrachtung; Hinführung zu einer differenzierten Beurteilung Hiobs	Stilles Betrachten Hiob, byzantinische Miniatur aus dem 9. Jh. Äußern der Bildeindrücke	Ergebnisse: – Das Oberteil von Hiobs Gewand ist weit geöffnet. Ist es zerrissen? – Hiob steht mit seinen Füßen fest auf der Erde. Die Arme und sein Blick sind zum Himmel gerichtet. – Er steht aufrecht da. – Hiobs Hände sind offen für das, was vom Himmel her kommt. – Die innere Umrißlinie von Armen und Händen bildet eine große Schale. – Hiobs Gesicht zeigt Verbitterung. – Ich sehe mehr Trauer und Schmerz darin. – Der obere Bildrand ist von Gottes Hand durchbrochen.

25./26. Stunde:
Hiob – abrahamisch Glaubender oder prometheischer Rebell? (Fortsetzung)

Gottesglaube –
Atheismus

Unterrichtsverlauf	Methoden / Sozialformen	Kommentare und Resultate
	<u>Klassengespräch</u> Frage: Das Bild zeigt Hiob nach dem Verlust seines Besitzes und seiner Kinder. Welche seelische Lage Hiobs bringt das Bild zum Ausdruck? <u>Lehrervortrag</u>	<u>Ergebnis:</u> Die körperlichen Ausdrucksmerkmale Hiobs lassen eine ambivalente Beurteilung zu: – Hiob ergibt sich in das von Gott verfügte Schicksal. Er trauert, aber der Schmerz hat ihn nicht gebrochen. – Hiob beugt sich dem Schicksal nicht, das ihn getroffen hat. In offener, aufrechter Haltung klagt er gegen Gott. <u>Inhalt:</u> – Die Ambivalenz bei der Deutung des Bildes ist nicht zufällig. – Sie entspricht dem ambivalenten Verhalten des biblischen Hiob. – F. Zorn hat Hiob nur als Dulder gesehen. Es muß aber auch das Rebellische an Hiob erkannt werden.
Phase 5: Erarbeitung von – E. Blochs atheistischer Hiob-Deutung – C. Westermanns theologischer Hiob-Deutung	<u>Kurzer Schülervortrag</u> über die literarische Form des Hiobbuches	Stichworte zum Inhalt: Hioberzählung / Hiobdichtung (Volksbuch) / (Drama) Rahmen des Hiobbuches / Hauptteil des Hiobbuches (Kap. 1/2 u. Kap. 42,7–17) / (Kap. 3 – Kap. 42,6) Vorexilisch / Nachexilisch (vor 6. Jh. v. Chr.) / (5.–3. Jh. v. Chr.) altorientalisches Volksbuch mit mythologischer Tradition / israelitische Redaktion Prosa / Versform Erzählung von Hiob in dritter Person / Dialoge Hiobs mit Gott und den Freunden in erster und zweiter Person
	<u>Textarbeit / Partnerarbeit</u> Hiob – der hebräische Prometheus (E. Bloch) C. Westermann, Das doppelte Gesicht Ijobs	Die eine Klassenhälfte untersucht den Text nach Bloch, die andere den Text von Westermann.